● 上海哲学社会科学课题"西方国家政府-学校关系改革及其效果研究"（2006BJY002）研究成果

● 教育部人文社会科学重点研究基地华东师范大学基础教育改革与发展研究所成果

● 华东师范大学教育人力资源管理与开发研究所成果

● 华东师范大学教育管理学系学科建设成果

国际教育管理比较丛书

冯大鸣 著

Educational Administration in Global Contexts

西方六国
政府学校关系变革

上海教育出版社
SHANGHAI EDUCATIONAL
PUBLISHING HOUSE

《国际教育管理比较丛书》总序

改革开放 32 年来，我国基础教育事业的巨变毋庸赘述。回望总结，借鉴西方经验乃是其中一因。整个教育如此，教育管理领域当然亦如此。32 年之后，我们对西方教育管理的猎奇之心不再，代之以更为平和心态下的观察与思考。不过，在我国教育管理事业取得巨大进步的今天，教育管理比较研究的任务依然繁重而艰难。英国史学巨擘阿诺德·汤因比（Arnold Joseph Toynbee）曾说过："同一个国家的同一个人，先是在 1897 年观察同样的过去，然后于 1973 年再观察它，便会描绘出两个迥然不同的图画。如果在 2073 年的中国再去观察那完全一样的过去，肯定会得出更加不同的看法；再如果在 2173 年的尼日利亚去观察它的话，无疑会得出更为千差万别的描述。"[①]汤因比这一言说，或可作为对教育管理比较研究者的一份忠告：读懂别国的教育管理不容易，读懂别国的教育管理经验更不容易。从历史的角度看，创于晚清的中国新学教育，从一开始就是仿照西方模式建立的，掩藏其中的，不乏西方文明的线索与元素。新中国建立后，学校管理制度虽然一度模仿苏联，但"文革"后再一次受到西方文化的强烈影响，尤其是在当前的全球化时代，"我们没法否定，我们现在正处在一个完全以西方（文明）为主导的世界中，这是中华文明的历史处境"。[②] 哪怕是我

---

① 汤因比.人类与大地母亲[M].徐波,译.上海：上海人民出版社,1992：727.
② 甘阳.通识教育在中国大学是否可能[N].文汇报,2006 - 9 - 17(6).

们现在的教育管理体制改革方案和学校管理制度，都在很大程度上是沿着西方文明观、西方文化脉络切入而构建的。因此从某种意义上说，只有读懂西方教育管理，才能真正读懂我国教育管理改革与发展中遭遇的种种问题。而读懂西方教育管理，特别需要有人耐心地去做一些相关的基础性研究。编撰这套《国际教育管理比较丛书》，正是希望能为此尽我一份绵薄之力。

按照计划，《国际教育管理比较丛书》将包含《第一个十年——西方教育管理新进展(2001—2010 年)》、《西方学校领导思想通识》、《西方六国政府学校关系变革》、《无限可能——西方学校学习空间的先锋理念及管理思想》、《中西教育管理双语互动手册》等 7 至 10 部作品。作品之间风格不求统一，其中部分作品强调学术性，部分作品兼顾通识性和通俗性，还有部分作品突出工具性。《国际教育管理比较丛书》的预想读者为教育行政决策者、中小学领导者、教育管理研究者以及就读教育管理专业的研究生。

衷心希望《国际教育管理比较丛书》的读者开卷有益，真诚期待来自学界同仁的批评指正。

冯大鸣

2010 年 12 月

前　言

　　本书取名《西方六国政府学校关系变革》,其中的"西方"并非地理概念,而以对象国政治体制及经济模式划界;其中的"六国",选定为西方国家中颇具代表性的美国、英国、德国、法国、澳大利亚、日本;"政府学校关系"主要是指政府与学校之间的权责关系,既包含中央政府及地方政府与学校的关系,也包含中央政府与地方政府因分割管辖学校的权责而形成的中央政府与地方政府的关系,还包含由政府与学校之间的权责关系而派生的学校与社区、家庭以及其他社会关切团体之间的关系,因而它是教育管理体制中最为重要的部分;"学校"仅指全日制普通中小学;"变革"与一般意义上的"改革"略有不同,因为政府—学校关系变动、变化的发生,常常不是政府教育政策的直接目标,而只是一个国家改进教育质量的政策出台后所牵动的结果,也即,政府并无主动去"改革"政—校关系的清晰意图,政—校关系的变化不过是一种客观上被有关政策牵动的回应性"变革"。

　　本书采用文献研究方法,按设定的框架整理并呈现西方六国政府—学校关系变革的事实,旨在从中分析变革的原因,归纳变革的效果,提炼其中蕴含的正反经验,以便为我国教育管理体制改革的决策者和研究者提供参考。

　　本书分两大部分,共七章,分别为述评变革事实和归纳变革的效果与经验。其中第一至第六章分述美国、英国、德国、法国、澳大利亚、日本六国的政—校关系变革事实。由于一个国家政—校关系的变革总是在其原有的教育行政架构上发生的,因此对西方六国政—校关系的研究,须首先从考察其教育行政体制入手,分别梳理其中央政府和地方政府的架构与职能,厘清各级政府的教育管理权责分担状况,包括六国教育行政体制初建时期的状况以及之后沿革演变的回顾。在此基础上,对六国近20年来政—校关系变革的动因、目的、政策、措施、结果进行研究分析。第七章是在前六章的基础上,对六国政—校关系变革的效果和经验做综合性的总结,归纳了四个方面十点效果,提炼了八条正反经验。

为避免文献采用上的失准与偏颇,本书所使用的文献主要包括:世界银行、经济与合作组织、欧盟的年度报告、国别报告、专题报告、统计资料,六国的法规、政府白皮书、年度报告、政策指南、政要演讲稿,六国的咨询机构、督导机构以及著名智库的咨询报告和研究报告,《纽约时报》、《卫报》、《朝日新闻》等六国重要媒体的报道与时评。

本书系上海哲学社会科学课题"西方国家政府—学校关系改革及其效果研究"(2006BJY002)的研究成果。课题立项以来,历经4年的工作,方得以完成。书稿付梓之际,作者感谢上海哲学社会科学规划办公室及课题立项评审专家的提携与鼓励,感谢助我完成课题的圈内同仁,也感谢上海教育出版社对本书的接纳及责任编辑袁彬付出的辛劳。

冯大鸣

2011年1月

目　录

第一章 美国政府——学校关系变革

第一节 美国教育行政体制的基本架构

美国的教育发端于民间,学校由社区自行兴办、自行管理。这种学校教育管理形式发展到 18 世纪中叶,已经形成了相对稳定的状态,像教育捐税的征收、学校领导及教师的遴选等都已有了一定规则。美国虽然在 1789 年制定了联邦宪法,但宪法中没有涉及教育管理权限分配的内容,社区自行管理学校教育的传统得以沿袭。直到 1791 年美国修订宪法时,才对教育管理权做了安排。按照 1791 年的宪法第十项修正案(The Tenth Amendment of the U. S. Constitution)的规定:"本宪法未授予联邦也未禁止各州行使的权力,均由各州或各州人民保留之。"[①]这便确立了美国教育管理实行分权的根本原则,也是美国教育管理体制的法律基石。建筑在这个基石上的联邦、州、学区三级教育行政管理体制一直延续至今。两百多年来,美国的三级教育行政在权责分担上虽然也有不同程度的变化,但是州政府主导教育管理、学区负责具体管理、联邦拥有广泛影响的基本格局一直保留了下来。

一、联邦层面的教育管理

(一)联邦教育部的职能

美国的联邦教育部于 1867 年成立,当时它只是一个负责收集全国教育数据资料和传播教育知识的机构。之后,教育部几经降格与更名,并先后归于联邦内政部、安全署、卫生教育福利部属下。1979 年,吉米·卡特(Jimmy Carter)政府向国会提出重新建立联邦教育部议案。该议案经国会通过后,联邦教育部于 1980 年 5 月再次成立。从 1867 年到 1980 年,美国的教育事业虽然经过百余年的发展,但按照美国的宪法精神,联邦教育部的根本行政取向仍然是"服务",而不是"管理"。原则上,美国联邦教育部长及教育部的其他官员对于任何机构、学校或学校系统的教学课程计划、行

---

① 转引自: U. S. Department of Education. Education and inclusion in the United States: An overview [R]. Washington D. C.: Education Publications Center, U. S. Department of Education, 2008: 9.

政管理、人事事务均不得进行任何的指挥、监督或控制。学校和大学的设置、课程的开发、入学和毕业要求的设定等,均属各州、社区、各类公立和私营组织的职责,而不属于联邦教育部的职能范围。当然,就机构设置和具体权责而言,百年后的教育部与百年前的教育部完全一致是无论如何不可能的。联邦教育部机构和权责的变化,很大程度上往往受联邦立法的影响。20 世纪 50 年代以后,《国防教育法》(National Defense Education Act of 1958)、《民权法》(Civil Rights Act of 1964)、《初等和中等教育法》(Elementary and Secondary Education Act of 1965)、《高等教育法》(Higher Education Act of 1965)、《残障儿童教育法》(Education of All Handicapped Children Act of 1975,后改称为 Individuals with Disabilities Education Act)、《2000 年目标:美国教育法》(Goals 2000:Educate America Act of 1994)、《改进美国学校法》(Improving America's Schools Act of 1994)以及《不让一个儿童掉队法》(No Child Left Behind Act of 2001)等一系列有关教育的联邦法律先后出台。按照美国的司法规则,联邦教育法的基本执法者是联邦教育部。因而,每一部联邦教育法的出台,都需要联邦教育部对其机构和职能做出适当的调整。

目前,联邦教育部的职能有四项:①

第一,制定有关联邦财政资助、分配以及监督资金使用的政策;

第二,收集有关数据信息,将统计成果和研究成果向教育工作者和大众传播;

第三,甄别教育方面的重大事项和问题,使全国的关注点聚焦于这些事项和问题;

第四,保障民权,防止教育歧视,确保人人平等接受教育。

根据美国联邦教育部 2008 年公布的资料,该部的整体机构体系如图 1-1 所示。部长是联邦教育部的最高首长,下设副部长 1 人、部长助理 7 人(协助部长分管民权事务、立法及国会事务、规划评估及政策制定、特殊教育与康复培训、初等和中等教育、职业与成人教育、中学后教育等部门的事务)、副部长助理 3 人(协助副部长分管学校安全和毒品管理、教育创新与改进、英语学习促进三个部门的事务)。联邦教育部工作人员共计 4 400 人。

从表面上看,联邦教育部的四项基本职能并无"领导"的含义,其中第四项职能虽与"管理"有涉,但也不是真正的主动管理,而只是一种被动式的干预而已。然而,按

---

① Office of Special Education and Rehabilitative Services. Education and inclusion in the United States: A brief overview[M]. Washington, D. C.: Education Publications Center, 2008: 26.

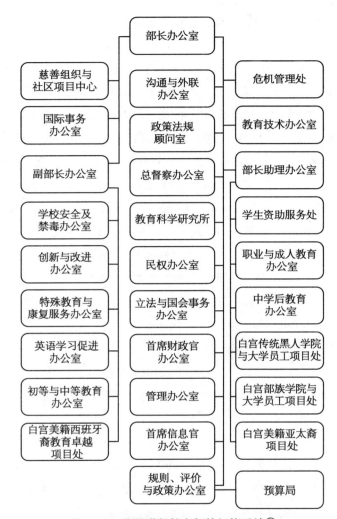

图1-1 美国联邦教育部的机构系统①

照联邦教育部自己的表述,它的基本使命是通过推进教育卓越和保障教育机会平等,促进学生学业成就的改进,并培养学生的国际竞争力。② 显然,教育部倘若在"领导"全美教育上真的没有丝毫作为的话,是无法完成这一宏大使命的。当然,受宪法第十项修正案的限制,联邦教育部从来都讳言"领导"美国教育,也不能实施"直接"的领导。所以,教育部只有通过间接的方式来发挥"领导"性的影响。分担一定的教育经

---

① 资料来源:美国联邦教育部网站。http://www.ed.gov/2010-08-01.

② U. S. Department of Education. FY 2008 performance and accountability report [R/OL]. http://www.ed.gov/2008-11-14.

费或编制一些专门的资助项目,往往就是教育部借以发挥"领导"性影响的重要途径。

(二)联邦政府的教育经费投入

作为一个实行教育行政分权制的国家,美国联邦教育经费占教育经费总量的份额远远比不上州和地方,不过,来自联邦教育统计中心的数据显示,联邦每年的教育经费投入虽因国家年度经济状况不同而时有波动,但就长期的总体趋势而言,联邦经费的份额占有量是逐步提高的。这就意味着,联邦对中小学的间接影响力也在不断地上升(见表1-1)。

表1-1 美国中小学教育经费中联邦、州、地方投入份额的变化*

财年度	1989—1990	1994—1995	1998—1999	1999—2000	2001—2002	2004—2005	2005—2006	2006—2007
联邦	6.1	6.8	7.1	7.3	7.9	9.2	9.1	8.5
州	47.1	46.8	48.7	49.5	49.2	46.9	46.5	47.6
地方	46.8	46.4	44.2	43.2	42.9	44.0	44.4	43.9
合计	100.0	100.0	100.0	100.0	100.0	100.0	100.0	100.0

资料来源: National Center for Education Statistics. The condition of education 2010[M]. Washington, D. C. : U. S. Government Printing Office,2010: 274.

* 表中部分栏目分项之和超过100,原文如比,或因四舍五入所致,特此说明。

联邦教育部作为中央教育行政机构,自然对美国的教育发挥着广泛的影响,不过,它并非影响全美教育的唯一机构。上述联邦经费也并非仅仅来自联邦教育部一家。在联邦教育部之外,国会和联邦法院在教育立法和释法上具有权威地位;农业部、国防部、国土安全部等联邦政府部门,都可以通过附带经费的项目影响教育;而工商界的基金会以及其他各种专业团体,也可以通过种种途径和方式对全美的教育发挥重要影响。

二、州层面的教育管理

(一)州教育行政的一般架构

根据联邦宪法第十项修正案的精神,美国的各州拥有自主制定本州教育政策的权利。当然,各州制定的教育政策不能有违联邦宪法精神。在美国绝大多数州的宪法中,都有关于教育的规定和表述,并规定州议会在教育政策制定和教育拨款上拥有最终决定权。不过在一般情况下,州议会都会把教育政策制定权下放给州教育委员会。所以,州教育委员会就成了实际上的教育政策制定者。在各州,教育委员会成员的产生办法有所不同。在一些州,教育委员会成员由议会任命;在另一些州,教育委员会成员由州长任命;还有些州的教育委员会成员由公选产生。州教育委员会的管辖范围一般是本州的普通中小学教育,但也有少数州规定,教育委员会不仅管辖初等和中等教育,而且管辖职业教育和中学后的继续教育。州教育委员会的主要职能是对本州的教育目标、教育规划、教育预算等重大事项进行决策,执行决策的是州教育厅,厅长是教育厅的行政首长,代表州教育厅定期向州教育委员会、州议会和州长报告工作。州教育厅长的产生办法有三种:州教育委员会任命、州长任命或公选产生。州教育厅内设一系列职能机构,协助厅长对本州的学校教育实施管理。以加利福尼亚州教育厅为例,其设厅长、副厅长各1人,之下分设"课程学习与效能核定局"、"财经、技术及管理局"、"政府事务及特设许展局"、"法规、审计及遵纪局"、"学前至大学政策与信息局"、"特殊服务与支持局"等职能局,每个局下面又设若干职能处室。

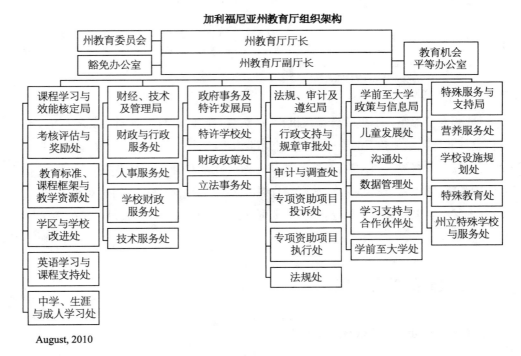

图 1-2　加利福尼亚州教育厅机构体系

资料来源:http://www.cde.ca.cov/2010-08-01.

各州教育厅职能机构设置繁简不一,加利福尼亚州属于学龄人口较多的大州,教育厅机构设置也相对复杂一些。

（二）州层面的教育管理职能

美国各州层面的教育管理职能虽然并不统一,但大致包括以下 9 项:①

(1) 制定课程指南和绩效标准;

(2) 为学区和学校提供技术支持;

(3) 为教育厅管辖范围内的私立中小学颁发许可证;

(4) 为教师和管理人员颁发许可证或相关证书;

(5) 对本州的学生学业考试进行管理;

(6) 制订考核计划并向联邦教育部上报本州学生的表现;

(7) 规定高中毕业的底线要求;

(8) 给各学区配置州及联邦的经费;

(9) 规定学校的学年最低工作天数。

一般而言,教育管理体制架构中各层级的权利和义务应该是相互匹配的。也即,各层级所拥有的管理权和所承担的义务是互为条件的。州既然在教育管理上享有最大的立法和决策权限,自然就要承担最大的教育经费责任。在美国,州的教育经费主要来自本州的公司经营税收以及销售、收入、彩票等各种税收。

三、学区层面的教育管理

（一）学区教育行政架构

美国的地方教育行政由学区掌管,所以在美国的教育管理术语中,"地方"和"学区"常常是两个可以互换的概念。从教育管理权限的分配来说,尽管州掌握着教育大政的决定权,但学区仍拥有相当多的公立中小学管理方面的实权。特别是学校预算、人事和课程教学的实权,都是由学区掌控的。当然,在实施校本管理的地方,学区的一些权限已经下放给学校了。

学区的教育委员会是地方教育决策者,负责在州教育政策框架内制定辖区内的中小学教育政策及各种规章制度。目前在大多数地方,学区教育委员会成员一般都

---

① Office of Special Education and Rehabilitative Services. Education and inclusion in the United States: A brief overview[M]. Washington, D. C.: Education Publications Center,2008: 23.

是本社区 18 岁以上品行端正的居民,经选举产生,有规定的任期。学区教育委员会还负责遴选和聘用学区局长(superintendent),并将学区的日常管理事务交由学区局长负责。学区常设的教育行政机构是学区中心办公室(central office),该办公室在学区局长领导下开展工作,其内部的机构设置和人员配置一般都比较精简。当然,学区所管辖的学校数不一,机构设置和人员配置也略有不同。以管辖 10 所中小学、8 100 名学生、近 200 名教职员工的宾夕法尼亚州斯特劳斯伯格学区为例,该学区教育委员会成员有 9 人,全部从本社区居民中选举产生,任期 2 年。9 人均为志愿服务,不取任何报酬。该学区设:局长 1 人;分管人事、课程与教学、专门项目的局长助理 3 人;中心办公室管理人员 22 人,包括事务经理、经理助理各 1 人,外区教育咨询顾问 1 人,学生服务科 3 人,特教指导科 3 人,教职员专业发展协调员 2 人,教学技术管理员 1 人,课程协调管理员 1 人,体育与活动管理员 1 人,联邦项目管理员 1 人,膳食服务管理员 1 人,校车主管、校车调度各 1 人,行政系统管理员 1 人,维修管理员 1 人,学校—工作联络员 1 人,安保服务管理员 1 人。美国学区管理人员与服务对象的配比由此可见一斑。

(二) 学区层面的教育管理职能

美国的学区遍布各州,数量众多,据 2008 年的统计,全美共有 1.4 万个学区,各地方学区行使的管理职能有诸多差异。但一般而言,学区的基本职能大致有以下十项: ①

(1) 确定预算;

(2) 为学校和各分类项目配置经费;

(3) 聘用教师及其他员工;

(4) 起草并发布学生学习成效的年度报告;

(5) 制定教师和管理人员的工资制度;

(6) 负责课程的推行与实施;

(7) 规划和管理教师的在职培训;

(8) 调度与管理校车;

(9) 建设与维护校舍;

(10) 采购设备与器材。

---

① Office of Special Education and Rehabilitative Services. Education and inclusion in the United States: A brief overview[M]. Washington, D. C. : Education Publications Center, 2008: 24.

如前所述,美国历史上的学校经费完全来自社区,但自从联邦和州介入教育以后,学校经费就改由地方、州和联邦三级分担。在 20 世纪 70 年代前,全美地方教育经费占中小学总经费 50% 的份额,但 70 年代后开始逐渐走低。① 美国的地方经费主要来自本社区的物业税,不论家庭中有无学龄儿童,凡拥有物业的社区居民,都必须缴纳物业税来支持本社区的学校教育。由于社区间贫富不均的情况大量存在,美国贫穷社区的教育经费便不如富裕社区充沛,贫穷社区校舍资源差,教师工资待遇低,难以吸收优秀教师,教育质量差,一系列教育不平等问题往往因此而衍生。

第二节　美国政府—学校关系变革

一、背景概述

2007 年 5 月,美国联邦教育部正式发布其新版使命陈述:"通过促进教育**卓越**和确保教育**平等**来提升学生的成就,并为全球竞争做好准备。"②显然,"平等"和"卓越"是其中的两个关键词。事实上,"平等"和"卓越"也是"二战"后美国历次教育改革的主题。美国的一些研究者认为,在 20 世纪 60—70 年代,解决种族矛盾和彰显教育平等是美国教育改革的一个重要特征;而 80 年代以后的教育改革虽然仍强调"平等",但"卓越"已处于主导地位,他们因此把《国家在危险中》(1983)发表以后的教育改革称为"卓越运动"。③ 然而从美国的教育实情来看,"平等"和"卓越"是紧紧纠结在一起的:大批分布在贫困社区中的低绩效学校的存在,以及大量处境不利的少数族裔学生的失败,直接阻碍了美国教育卓越理想的实现。可以说,教育的"平等"已不仅仅是美国宪法精神的表达,更是美国急于追求教育"卓越"所必须解决的前提性问题。

---

① Sadker, M. P. and Sadker, D. M. Teachers, schools, and society[M]. New York: McGraw-Hill Inc., 1994: 337.

② U. S. Department of Education. FY 2007 performance and accountability report[R/OL]. http://www. ed. gov/2007 - 11 - 14.

③ 冯大鸣. 美、英、澳教育管理前沿图景[M]. 北京: 教育科学出版社,2004: 110.

如果说 1994 年的《2000 年目标：美国教育法》还包含着一些"卓越"梦想的话(如，"美国学生的科学和数学成绩居世界首位")，那么到了 2001 年的《不让一个儿童掉队法》，就几乎全是指向"平等"问题的内容了。事实上，从"二战"后美国政府—学校关系变革实践来看，变革主要是由解决"平等"问题所导致的，而不是由追求"卓越"引发的。我们可以通过两条线索来考察"二战"后特别是近 20 年来美国政府—学校关系变革的实践：一是《初等和中等教育法》及后续修法；二是校本管理①运动。这两条线索相互关联，却又不完全重合。

1965 年的《初等和中等教育法》是一项十分重要的促进初等和中等教育的联邦法令。按照美国的联邦法制，联邦法通常有一个规定的有效期。在一项法令的有效期满后，如果国会认为其仍然非常重要，可以通过重新核定并授权(reauthorization)的方式和程序，再次颁布经修订的该法，法令的具体名称也可随之变更。之所以说《初等和中等教育法》的地位重要且影响巨大，就是因为该法在每次有效期满后都得到了再核定、再授权，从而成为一项与时俱进而持续演化的"活"的联邦法。《初等和中等教育法》颁布至今已经过多次修法，而且不是一般的细节补充与完善，往往是一种大幅调整。我们仅对照 1994 年和 2001 年的两次修法，便可体会这种调整的幅度有多大。1965 年的《初等和中等教育法》最初共有六篇：第一篇的内容为联邦向地方教育机构拨付教育专款，资助来自低收入家庭的儿童；第二篇是拨款资助学校图书馆、教科书和其他教学资料；第三篇是拨款建立各种教育辅助中心和服务机构；第四篇是资助教育研究和教师培训活动；第五篇是资助州教育厅的能力建设；第六篇是总则。经过 1994 年修法以后形成的《改进美国学校法》，篇目已经增加到十四篇，而经过 2001 年修法后形成的《不让一个儿童掉队法》，其篇目又缩减为十篇。修法不仅表现为篇目的大幅增减，各个篇目的主题变化也很大。不过，《初等和中等教育法》第一篇(Title I)的主题，即以联邦专款帮助处境不利儿童达到学业标准，却历经各次修法而始终没有变化。正因为此，"Title I"在美国教育官方文本中成为一个包含特定含义的、稳定的概念，并由此衍生出"Title I 学生"、"Title I 学校"、"Title I 评价"等一系列相关概念。而正是这个源自 1965 年《初等和中等教育法》的"Title I"政策，对美国

---

① 本书作者赞同布赖恩·卡德威尔(Brian Caldwell)、马克·汉森(Mark Hanson)、帕特里克·福西斯(Patrick Forsyth)等学者的观点，即"校本管理"应该是一个包含特许学校或其他自我管理学校(self-managing school)在内的广义的概念。具体观点可参见：冯大鸣. 沟通与分享：中西教育管理领衔学者世纪汇谈[M]. 上海：上海教育出版社，2002：159—168；冯大鸣. 美、英、澳教育管理前沿图景[M]. 北京：教育科学出版社，2004：145—159.

政—校关系的变革产生十分重要的影响。

　　20 世纪 80 年代兴起的校本管理(School-Based Management, SBM),主要是对教育"平等"诉求的回应。以早期校本管理探索中最为激进的"芝加哥模式"为例,就是伊利诺伊州针对低绩效学校的大量存在和处境不利儿童的学习长期未获改进的困境而使出的重典。客观地说,早期的校本管理探索不甚成功,对政—校关系的变革也是贡献甚微。不过,它毕竟是政—校关系变革的思想铺垫,并因对它的批评而导出校本管理的新版本——公立特许学校(public charter school,以下简称"特许学校")。何谓特许学校? 首都哥伦比亚特区的特许学校董事会曾给出一个简明的定义:"特许学校是一种可以独立于公立学校系统之外运作的公立学校,它使用的是公共经费,也要接受绩效问责,但它可以摆脱传统公立学校系统的繁文缛节和官僚主义来运作。"①这种新型学校的出现,无疑是对传统学区科层制的突破,政—校关系的变革也就自在其中了。

　　其实,早期的校本管理与"Title Ⅰ"并没有直接的关系,然而,当最初的"Title Ⅰ"演化到 90 年代的"Title Ⅰ"时,校本管理也演进到一个新的里程——特许学校。此时,两者开始关联,并且关联程度逐渐提高。于是,《初等和中等教育法》及后续修法所规定的"Title Ⅰ"的内容与进入新里程的校本管理汇聚在一起,共同成为推动美国政—校关系变革的重要力量。

二、政府—学校关系变革

(一) Title Ⅰ 带动的变革

1.《改进美国学校法》的 Title Ⅰ 及其带动的变革②

　　《初等和中等教育法》的出台,是林登·约翰逊(Lyndon B. Johnson)总统发起的"向贫困宣战"(War on Poverty)运动的一个组成部分,其最初的目的是解决贫困家庭儿童平等接受教育的问题。在 1965 年的《初等和中等教育法》中,Title Ⅰ 的标题是"为承担低收入家庭儿童教育的地方教育机构提供资助",Title Ⅰ 的经费是拨给那些低收入家庭儿童比例较高的学校或学区的。《初等和中等教育法》定性的 Title Ⅰ 学

---

① Felton, S. K. Indespensible tools: A principal builds his high school [M]. Washington, D. C.: University Press of America, 2001: 238.

② 本部分大量涉及《改进美国学校法》的内容,凡不引用法律原文的,不作专门注释。读者可参阅: Improving America's Schools Act of 1994[Z/OL]. http://www2. ed. gov/legislation.

校,是指在校生中有 40% 或 40% 以上的学生来自低收入家庭的学校。该法定义的 Title I 学生,仅指来自联邦人口统计机构界定的低收入家庭的学生。随着一次次的修法,Title I 学生的外延逐步扩大。

在比尔·克林顿(Bill Clinton)当政时期,为追求《2000 年目标:美国教育法》提出的教育目标,国会批准了克林顿政府对《初等和中等教育法》的又一次修法议案,由此形成了 1994 年的《改进美国学校法》。在《改进美国学校法》中,Title I 的标题已经变成"帮助处境不利儿童达成高标准"。该法所指的"处境不利儿童"(disadvantaged children)含义广泛,来自贫困家庭的学业成绩低下的儿童、英语水平有限的儿童、移民家庭的儿童、身心缺陷儿童、印第安裔儿童、无人照看的儿童、行为不端的儿童、家长缺乏家庭生活素养的儿童一并被纳入 Title I 学生的范畴。Title I 学生外延的扩大,必然使 Title I 学生的总量大增,联邦的 Title I 拨款金额随之上升。当然,联邦政府对 Title I 经费使用的附带要求也越来越多,对 Title I 经费使用效果的评估也越来越严格。Title I 评估一开始只是一种财务审计意义上的评估,之后逐渐与 Title I 学校的教育绩效联系起来,也就是要考核 Title I 学生的学习改进情况。到了 1994 年的《改进美国学校法》,Title I 评估已经指向明确的教育绩效目标。而且,在《改进美国学校法》中,政—校关系的变革与教育绩效目标的实现已经有了比较清晰的联系。

(1)政—校关系变革被视为实现 Title I 目标的前提条件

《改进美国学校法》在陈述立法目的时指出,1994 年修法的思想基础是 1988 年修法以后获得的十二个方面的新认识。

① 所有儿童都是能够掌握具有挑战性的学习内容和复杂的问题解决技能的。有关研究清楚地表明,如果学校对学生严格要求并给予学生学习具有挑战性内容的机会,那么包括学业成就低下儿童在内的所有儿童都能够成功。

② 为了使国民达到国家的教育目标,饥饿、不安全的居住环境、无家可归、失业、暴力、健康关怀不足、儿童虐待、毒品和酒精滥用等课堂教学之外的条件,对学生的学业成绩会形成反面的影响,必须通过健康和社会服务等合作性的服务加以应对。

③ 采用不能与课程水平保持一致的低水平考试,不能充分反映学生所知所能,等于鼓励了那种只关注低水平技能的课程与教学。

④ 只有在资源被用来保障儿童接触高质量的日常课程并用于课外补充活动的情况下,资源才更为有效。

⑤ 司空见惯的情形是,学校的教职员没有获得聚焦于教学并帮助儿童达成高标准的、集中而持续的专业发展。

⑥ 学校中直接指向有效运用科技的资源以及科技在专业发展和改进教学上能够发挥的作用,均未得到足够的重视。

⑦ 所有家长都可以通过在家的帮助或与教师合作,为其子女成功达成高的学习标准作出贡献。

⑧ 分权化的决策是系统改革的关键,学校需要设计和实施带领学生达成学习高绩效的策略,并因此需要获得相应的资源、灵活性和权力。

⑨ 通过公立学校选择和公立特许学校等多样化的方式,能够增加学生达成高标准的机会。

⑩ 只孤立地关注学业,不能确保所有儿童达成高标准,儿童的健康及其他影响学习的需求常常未获满足。尤其在高贫困集聚的学校,非常需要统筹性的服务来更好地满足儿童的种种需求。

⑪ Title Ⅰ 的资源可以更集中地指向那些最迫切需要资源、容纳最贫困学生的地方教育机构和学校。

⑫ 平等而充分的资源,特别是那种关乎教师队伍素质的资源,与学生的高成就具有关联性。

从上述十二点认识来看,其中的第七、第八和第九点认识,都涉及教育管理体制改革,并进而影响到政—校关系的重新调整。同时,《改进美国学校法》还阐述了实现 Title Ⅰ 目标的九个前提条件,其中包括"给予学校和教师更大程度的决策权和更多的灵活性,同时要求学校和教师为学生的学业表现承担更多的责任"①等有关政—校关系调整与变革的内容。显然,在《改进美国学校法》的立法指导思想中,变革政—校关系已被视作实现 Title Ⅰ 目标的必要条件了。

当然,上面的这些陈述还只是立法理念的表达,真正对政—校关系变革产生实质性推动的,还是《改进美国学校法》Title Ⅰ 的一系列条款规定,特别是对接受 Title Ⅰ 经费资助的州、学区、学校提出了制定标准、编制规划及实施评估三个方面的具体要求。

(2) 标准、规划、评估的规定一定程度上改变了传统的政—校关系格局

关于标准和规划,《改进美国学校法》的规定是:要求得到 Title Ⅰ 经费资助的各州,要向教育部长提交一份规划。这份规划要反映《改进美国学校法》和《2000 年目标: 美国教育法》的要求,说明本州已经编制或采用了具有挑战性的课程内容标准及

---

① Improving America's Schools Act of 1994[Z/OL]. http://www2.ed.gov/legislation.

具有难度的学生成就标准,已经采用了高质量的年度考试并至少在数学和阅读(或语言艺术)两门学科实施。同时,州的规划要说明州能够为每个学生提供具有说明性和描述性功能的年度报告,其中必须包括考试分数及其他对照学生成就标准的内容,规划还要对学校足够的年度进步(adequate yearly progress)作出规定。《改进美国学校法》还规定,还没有编制课程内容标准及学生成就标准的州,应在收到 Title I 资助经费的一年内,至少编制出数学和阅读(或语言艺术)两门学科的课程内容标准和学生成就标准。如果某个州在得到 Title I 经费资助一年后还未能编制标准,就必须采用其他州经过教育部长批准的标准。按照《改进美国学校法》的规定,地方学区也要编制相应的规划,其中必须包含达成州标准的内容。只有在学区规划把所有处境不利儿童都纳入帮助范围并表示能使他们都达到州标准的情况下,州才能批准学区规划。学区规划还必须说明学区、学校、教师在相关教育活动中的各自权责。

对于 Title I 学校的改进状况,《改进美国学校法》规定了不同层面的评估。一是每个接受 Title I 经费资助的地方学区都应当使用州规划所规定的评估(assessment)方式,对 Title I 学校年度进步状况进行评估,以便确定这些学校的学生是否达成州的学生成就标准,或是否取得了足够的进步。同时,地方学区还要结合学区规划规定的附加检测指标,对学区内的 Title I 学校进行综合评议(review)。这个评议结果不仅要反馈给学校,而且要提供给学生、家长及社区。在州教育厅层面,每年必须评议各个接受 Title I 经费的地方学区是否为学校提供充分的帮助,评议这些学校是否取得进步,并向社会公布,向学区、学校、家长、学生、社区派发州的评议结果。同时,州还负责为绩效改进困难的学区提供技术性帮助。这种帮助可以由州教育厅直接提供,也可以由州教育厅认可的高校或其他教育服务机构间接提供。在联邦层面,教育部要对各州 Title I 学校的改进状况实施国家评估(national assessment),即教育部根据专业评估机构"全国教育进展评估"(National Assessment of Educational Progress, NAEP)或其他研究机构提供的数据以及各州的自我评估,对接受 Title I 经费的州、学区、学校的工作绩效进行评估,形成全国性的评估报告,由联邦教育部长提交给总统和国会的相关委员会。按照《改进美国学校法》的要求,联邦教育部长应于 1996 年 1 月 1 日前向总统和国会提交一份中期报告,并于 1998 年 1 月 1 日前向总统和国会提交最终报告。

《改进美国学校法》规定,如果有关的评估确认学校没有取得充分的进步,学区就要对其实施纠错行动。在实施纠错行动期间,学区教育局将视情形采取一系列行动:降低学校的决策自主权;冻结学校的 Title I 经费;与其他公共机构签订协议,为学校提供消除学生学习障碍的各种服务;重新安排学校管理方式,包括把学校转换成特许学校;对学校教职员进行重组;给予学生转学权利,学生可以转到同一学区的其他公立学校就读,由教育局补贴学生交通开支。如果评估的结果表明学区有问题,州将采取严厉的纠错行动,具体的纠错方式包括:冻结学区的 TitleⅠ经费;对学区管理人员进行重组;取消学区对 TitleⅠ学校的管辖权,安排其他管理主体接管;以合并或者其他方式取消或重构地方教育行政机关;允许学生跨学区转学。而如果某个学区内的 TitleⅠ学校连续三年达到或超过州所界定的足够进步,就可以获得奖励。其中,表现突出的学校可以被命名为"成效显著学校"(distinguished school)。成效显著学校将获得更多的决策自主权,可以自主开展额外的有助于学生成绩提高的活动,教师和管理人员能得到更多的专业发展机会,获得额外的奖金等。在达成州的绩效标准方面,使学生取得显著进步的教师将作为成效显著的教师,被派到全州范围内最薄弱的 TitleⅠ学校,担任这些学校的校外支持小组成员。

从表面上看,《改进美国学校法》中关于标准、规划及评估的规定只是为了保障 TitleⅠ经费的有效使用,是为了追求 TitleⅠ学生学习结果的改进。然而这些规定一俟付诸实践,必然对 TitleⅠ经费覆盖范围内的既有政—校关系产生重大而深远的影响。总体来说,这种影响大致可以概括为三点。

第一,在很大程度上增强了联邦意志对全国教育管理实践的影响力,使联邦政府成为一种影响全国教育质量改进走向的主导力量,也使基层学校及其教职员的联邦意识前所未有地增强。

第二,联邦政府借助 TitleⅠ经费资助这一载体,在一定程度上悄然改变了自宪法第十项修正案以来联邦政府在教育管理上的角色定位,在州、学区两级教育行政事务乃至学校的管理行为方面,产生了既是间接性的却又是实质性的影响。

第三,通过虽由州自行编制却反映联邦意志的课程内容标准和学生成就标准以及相应的规划和评估,实际上开通了联邦与 TitleⅠ学校之间直接沟通的渠道,也在一定程度上削弱了学区在传统教育行政架构中的中心地位。

(3)家长参与的规定在政—校关系中添加了新的管理变量

由于美国的教育发端于民间,社区与学校的关系历来密切,因此在美国的学校管理实践中,家长不同程度地参与学校管理的情况一直存在,但通过联邦立法的形式对家长参与自己子女的教育和参与教育管理的权责作出具体而刚性的规定,则是《改进美国学校法》的一大特点。在该法的 TitleⅠ部分,有关家长参与的规定主要包括三个方面:赋予家长话语权和知情权,明确家长应当分担的教育责任,保障家长具备参与学校教育,学校管理的必要能力。

① 赋予家长话语权和知情权

如前所述,《改进美国学校法》要求接受 Title I 经费的州和学区编制相应的规划,而该规划的编制过程应当广泛吸收各方意见,其中特别要求听取家长的意见。如果家长对规划有不同意见而规划本身又没有吸纳家长的意见,应当在上交规划的同时,附上家长对规划的评论意见。同样,在州和学区对 Title I 学校是否取得进步进行评议时,也要听取家长的意见。而且,有关 Title I 学校年度进步状况的评估结果,必须向家长公开。《改进美国学校法》还规定,学校要及时告知家长其孩子在校的表现及考试结果,要定期听取家长的建议,与家长共同讨论孩子的教育问题,从而保证家长的话语权和知情权。

② 明确家长参与的常规形式和内容

《改进美国学校法》明确了家长常规参与学校教育活动和学校管理的两种主要形式: 政策参与和家—校契约。该法所明确的家长参与学校政策制定的途径主要有三种。一是学校通过举行家长参与的年度会议,听取家长对学校政策的意见。二是通过定期召开家长会,听取家长对学校政策的意见。而且为了方便家长到会,家长会应安排在早、晚等家长可能参加的时间,学校也可提供交通便利以保证家长到会。三是通过与家长共同制订学校计划或共同商讨学校项目的开发,吸收家长对学校政策的意见。《改进美国学校法》载明的另一个家长常规参与形式是家—校契约。家—校契约由学校和家长共同制定,目的在于明确学校、教师、家长、学生在达成州标准上各自的责任。家—校契约要清晰地描述家—校双方的责任,既包括学校在提供高质量课程与教学、良好的学习环境、帮助学生达成州的标准、家长会频率、学生进步报告等方面的责任,也包括家长在监管孩子出勤、作业完成、课外时间安排、控制看电视的时间与内容、参与志愿服务、商讨孩子成长问题、合理参与课堂活动等方面的责任。

③ 提高家长的相关能力以保障家长参与的质量

《改进美国学校法》指出,为了保证家长参与的质量,学区和学校应当帮助家长了解国家的教育目标、州的课程内容标准和学业成就标准、州和学区的评估要求以及家长可以通过哪些方式参与有关自己孩子教育问题的决策。该法在规定学区要为学校教师和管理者提供培训的同时,也要求学区为家长提供专门的培训,以便使家长学会如何与教师合作帮助孩子提高成绩,如何监控孩子的进步,如何合理安排孩子的课余生活,等等。为了保证家长参加此类培训,学区可以动用 Title I 经费为家长提供交通便利,甚至可以花钱雇人为家长照管孩子。

《改进美国学校法》有关家长参与旳规定,其直接目的在于通过赋予家长明确的参与权来引导家长关注和参与孩子的教育,并通过信息公开和家长培训来提高家—校合作的质量,从而促进学生学业成就的提高。而实施这些规定的附带结果之一,就是在教育管理体制架构中导入了一股新的法定干预力量,它不但改变了仅依据政府视角编制规划与实施评估的现象,而且成为原有政—校二元关系中的一个新的变量:它或可作为政府监管学校的附加力量,或可成为学校借以抵御政府不当指令的辅助力量,甚至可以成为缓解政—校矛盾的调和力量,政—校间的线性互动方式因此而被改变,教育行政官员和学校校长的管理能力都面临新的考验。

2.《不让一个儿童掉队法》的 Title Ⅰ 及其带动的变革①

2001 年,乔治·W·布什(George W. Bush)总统上台后即提出对《初等和中等教育法》新的修法提案,将《不让一个儿童掉队法》的草案提交国会。该提案于 2001 年 5 月 23 日在众议院以 384 票对 45 票获得通过,6 月 14 日在参议院以 91 票对 8 票获得通过,2002 年 1 月 8 日经布什总统签署,《不让一个儿童掉队法》正式生效。美国共和党与民主党的政见虽多有不同,但两党对待《不让一个儿童掉队法》的态度却相当接近,既显示了两党对教育质量改进问题的共同关注,也反映了绝大多数国会议员对前一次修法效果的不满。的确,在《改进美国学校法》生效后的六年时间里,处境不利儿童的学习成就并未获得预期的提高。可以说,《不让一个儿童掉队法》的不少条款都是针对《改进美国学校法》实施中暴露出的执法不力或边界不清问题制定的。正因为此,《不让一个儿童掉队法》与前法的主要区别并不在立法目的上,而是在实现目的的方式、手段以及在目的实现与否的检测上,较之前法更为严密、严格、严厉。这一点在《不让一个儿童掉队法》的 Title Ⅰ 部分表现尤甚。

(1)《改进美国学校法》Title Ⅰ 存在的问题

经过六年的实施与实践,《改进美国学校法》Title Ⅰ 的立法性缺陷和执法中的问题逐渐显露出来。第一个突出的问题就是有关的要求还不够严密和严格。例如,《改进美国学校法》要求接受 Title Ⅰ 的州编制"具有挑战性"的课程标准,但没有对"挑战性"作具体说明,许多州在课程标准编制中只是笼统地考虑"挑战性",结果在实施中发现,这样的课程标准往往与学生基础不同和起点不一的实际情况不相适应。又如,

① 本部分大量涉及《改进美国学校法》内容,凡不引用法律原文的,不作专门注释,读者可参阅:No Child Left Behind Act of 2001 [Z/OL]. http://www2.ed.gov/legislation.

该法规定要向学生、家长和社区公布考试评估的结果,但没有详细规定所公布的结果必须包含哪些信息,而且因为没有强调纵向和横向的数据比较,人们只知道评估结果,难以追索原因。此外,《改进美国学校法》虽然对"纠错行动"、"学校重组"等处置失败学校的措施作了规定,但并没有明确规定采取这些措施的时间界限。另一个突出的问题是,检测执法成效的方法还不够科学合理,许多州往往使用一些特殊的手法来掩盖自己的教育质量问题。例如,部分州政府为了显示教育质量进步或与其他州竞争排名,几乎年年降低考题难度,使得学生的及格率逐年递增,以此安抚本州选民。又如,按照有关法律的规定,因身心原因而有特殊学习困难的学生在接受特殊教育帮助的同时,其考试成绩并不纳入成绩统计范围,一些学区和学校就故意降低特殊学习困难学生的鉴别标准,使这类学生的比例大大提高,有的甚至高达学生总数的三分之一。如此,学校在获得更多的相关经费资助的同时,可以把大批差生的成绩排除在统计范围之外,从而造成教育质量改进的假象。而且在大部分州,从考试到公布考试结果之间的周期很长,一般都在半年以上甚至将近一年,无论对学生还是对教师来说,考试的诊断意义都很微弱。

（2）《不让一个儿童掉队法》Title I 的新规定

与《改进美国学校法》Title I 相比,《不让一个儿童掉队法》Title I 对学业标准、考试评估、考试结果的公布以及处置失败学校的时间界限都做了更为严密而严格的规定。

① 关于学业标准和考试评估

在学生学业绩效标准方面,《不让一个儿童掉队法》考虑到 Title I 学生实际存在的学业水平起点不同的情况,提出了基础水平、熟练水平和提高水平三个档次的学业成就水平,并且规定各州要在 2001—2002 学年,首先将学校接受年度进步检测的起点水平以及进步的时间表确定下来,然后要在 2002 学年之后的 12 年中,将学业成就低下学生的学业水平提高到熟练水平。关于考试评估,该法明确了州年考的科目和实施推进的时间表,规定各州必须对阅读(或语言艺术)和数学实施年考,在三至五年级、六至九年级以及十至十二年级,每年至少考一次。到 2005—2006 学年,各州必须在三至八年级实施阅读(或语言艺术)和数学的全州统考,在十至十二年级期间至少考一次。到 2007—2008 学年,处于特定学段的学生必须考科学。从 2002—2003 学年开始,各州每年必须对学习英语的学生进行英语水平评估。该法还对州考试的设计及考试结果的运用做了六个方面的规定:第一,州的考试必须与州规定的学业标准联系起来,要建立专门的数据库,对考试结果进行纵向比较;第二,考试结果必须可以反映学生达成标准的情况,可以为教师改进教学提供信息;第三,及时提供考试结果,不得晚于考试后的下一个学期初;第四,每个学校至少有 95％的学生接受考试;第五,分类显示不同学生人群的考试结果,包括主要族裔群体、主要收入类别群体、残障学生群体、英语水平有限的学生群体等,以使不同学生群体间的成绩差距一目了然;第六,考试成绩不仅要作为问责学区、学校、教师及校长的依据,而且应能提供诊断性信息,以便教师可据此发现问题并改进教学。除了州考试之外,各州必须每隔一年就组织实施一次“全国教育进展评估”四年级和八年级的阅读与数学考试,以便由第三方独立机构对各州考试进行再检测,也便于比较各州成绩。该法同时规定,上述考试的开支由联邦承担。相比《改进美国学校法》的相关规定,《不让一个儿童掉队法》更为严密、严格的规定,更容易对学区和学校进行绩效问责,也会为教师诊断教学问题和改进教学方法提供更有价值的信息。

②关于学校状态信息的发布

关于学校状态信息的发布,《不让一个儿童掉队法》做了比前法更为严格而具体的要求。该法规定,接受 Title I 经费资助的州和学区必须在 2003—2004 学年之前建立报告卡制度,必须向家长和公众发放报告卡,其中必须包括如下信息:第一,学区内每所学校的考试结果;第二,每所学校的结果与学区内各校及州平均水平的对照数据;第三,学区内需要改进学校的名单;第四,学校教师的资质水平。同时,州还要向教育部长递交年度报告,其中要分类说明各类学生的学业成就;说明学校改进的情况,包括哪些学校改进了或没有改进,改进或没有改进学校的数量,为何得出这样的结论以及应对学生成就问题的措施;说明有多少学生以及多少学校参与了公立学校选择,有多少学生和学校得到补偿性的教育服务;还要说明教师的素质,包括有多少比例的教师属于“有充分资质的教师”(highly qualified teacher)等。随后,教育部长要向国会两院相关委员会递交全国性的年度报告。按照《不让一个儿童掉队法》的规定,所谓“有充分资质的教师”必须符合四个条件:拥有学士学位;获得所在州的教师合格证书;没有因紧急、临时的原因而减免执业证书的要求;具有学科方面的胜任力。该法规定,自 2002—2003 学年起,凡使用 Title I 经费新聘任的教师,必须是“有充分资质的教师”;从 2002 年 1 月 8 日起,凡使用 Title I 经费聘任的教辅人员,必须接受过两年高等教育或经过严格的考试;到 2005—2006 学年,接受 Title I 经费的州必须保证所有公立学校的核心课程由“有充分资质的教师”任教。该法还规定,每学年初,学区要让家长了解其孩子就读班级的教师的专业资质情况,其中至少说明五点:第一,其孩子就读班级的教师是否具有州规定的执教某年级某学科的资质;第二,教师是否属于具有临时执教资格的教师;第三,教师拥有何种学科专业学位或证书;第四,其孩子是否在接受教辅人员提供的服务,如果是,该教辅的资质是否充分;第五,其孩子是否将接受或已经接受了四周或四周以上非充分资质教师的执教。由于孩子就读班级的教师素质状况是家长最为关心的要害信息,也关乎学生当前成长和未来发展的核心利益,因此,《不让一个儿童掉队法》的这一新规定不仅是要扩大家长的教育知情权,而且必定吸引家长关注或监督学校教师素质的改善问题。

③ 关于失败学校的处置和支持系统的建设

关于失败学校的处置手段,《不让一个儿童掉队法》与前法没有太大的区别,至于"足够的年度进步"、"纠错行动"、"学校重组"等概念,也都是前法业已提出和界定的。《不让一个儿童掉队法》的不同之处在于,它明确规定了严厉程度不同的处置手段的实施时间表:如果某所 Title I 学校在 2001—2002 学年被鉴别为没有取得足够的年度进步,学校就进入需要改进状态;如果该校连续两年没有达到绩效目标,第三年起,学区就必须提供技术帮助,该校的学生就可以选择转学到学区内的其他公立学校就读;如果连续第三年失败,则技术帮助和择校将继续,此外,学生可以选择使用 Title I 经费接受补习辅导和其他补充性教育服务,辅导人员可以来自本校,也可以来自州批准的校外人员,包括来自营利性公司或非营利性的私立机构的人员;在连续第四年失败后,技术帮助、择校、补充性服务继续,但失败学校的教师必须更换或实行其他根本性的变革;连续第五年失败后,失败学校的管理模式必须改变,包括转换成特许学校、交给私营管理公司经营或由州来接管。由于规定了学校若连续两年未取得足够的年度进步,政府就要提供技术帮助,因此,学校改进支持系统的建设就显得非常重要。按照《不让一个儿童掉队法》的规定,州要建立学校支持系统,对学区内进入"纠错行动"阶段的学区或无力履行职责的学区教育局进行帮助和支持。一方面,州要建立综合性的地区技术辅助中心或地区教育实验室,为区域内的有关学区和学校提供技术支持;另一方面,州要协调组建学校支持团队,其成员可以包括在学业改进方面富有经验的教师和校长、学生服务机构人员、家长代表、来自高等教育机构的专业人员以及经州教育厅批准的其他恰当的人员。实际上,《改进美国学校法》中已有建立学校支持团队为学校改进提供支持的内容,与之相比,《不让一个儿童掉队法》的不同在于,其对学校支持团队的职能做了更明确的规定:第一,评议和分析学校运作的各个方面,包括教学项目的设计与运作,就学生学习的改进提出建议;第二,发现学校的问题,并与学校、学区教育局沟通,必要时在某些方面向州教育厅提出建议;第三,与家长、学校教职员、学区教育局合作,为达成州的标准而设计改进计划并监督计划的实施;第四,在学校实施改进计划的过程中,向学区教育局和州教育厅提出学校或学校支持小组所需的附加支持。同时,《不让一个儿童掉队法》规定了前法未提及的支持团队成员的素质要求:支持小组成员必须拥有教学方面的科学知识,而且州要对派往学校的支持团队成员的工作效能进行评估,这样的评估至少半年进行一次。

(3) 新法对政—校关系变革的影响

如前所述,《改进美国学校法》的实施已对政—校关系变革产生了重要影响,《不让一个儿童掉队法》的出台扩大和加深了这种影响,直接或间接地将政—校关系变革又向前推进了一步。具体而言,《不让一个儿童掉队法》对政—校关系变革的影响主要反映在三个方面。

第一,在整个教育管理体制架构中,联邦的角色变得更强而有力。

美国教育政策中心主任杰克·杰宁斯(Jack Jennings)曾在《不让一个儿童掉队法》生效后发表过一篇政策分析文章,他在文中指出:《不让一个儿童掉队法》的中心特征,就是强力推动各州采取实质性的评估和问责方法,因而,"这一立法传递了这样的信息:联邦政府将在中小学教育方面担当更强有力的角色"。[1] 事实也的确如此,由于在标准、评估、信息公布、失败学校处置等一系列问题上,《不让一个儿童掉队法》制定了远比前法更为具体而严格的规定,联邦的教育影响力空前增强。加之《不让一个儿童掉队法》生效后,国会又决定逐年增加联邦的教育经费投入,从2001 年的 422 亿美元一直增长到 2007 年的 544 亿美元,从而使各州更愿意以执行《不让一个儿童掉队法》的规定来换取可观的联邦经费,这使联邦扮演强力角色有了根本的保障。

第二,Title I 经费使用面的扩展,进一步扩大了联邦对基层学校的教育影响力。

随着 Title I 学生外延的不断扩展,Title I 学校数一直处于增长之中。根据NAPE 的统计,Title I 学校占学校总数的比例在 1999—2000 学年时为 52.4%,到2007—2008 学年,已经增长到 65.2%。[2] 在 Title I 学校总数和联邦 Title I 经费拨款总数双双增加的情况下,《不让一个儿童掉队法》又允许州和学区比以往更为灵活

①　Jack Jennings. A new federal role in education[R]. Washington, D. C. : CED Publication, 2002.

②　NAPE. Special analysis 2010: High poverty public schools[R/OL]. http://nces. ed. gov/programs/coe/2010 - 05 - 30.

地使用 Title Ⅰ 经费,包括 Title Ⅰ 经费不一定完全用于 Title Ⅰ 学生,而可以用于全校学生等宽松的经费使用政策。而按照有关的评估规定,Title Ⅰ 经费所达之处,必须接受相应的评估,因而,Title Ⅰ 经费使用面扩展的实际后果之一就是进一步扩大了联邦教育影响力的覆盖面,使得更多的学校行为处于联邦意志支配之下。

第三,强调"基于科学的"考试评估及学校支持活动,使教育行政机关在监管学校的同时,必须为学校提供高质量的服务。

与前法相比,《不让一个儿童掉队法》的一个重要新特点,就是提出并强调教育改进行为和政府管理行为的科学性。在该法的 Title Ⅰ 部分,"基于科学的教学"(scientifically-based instruction)和"基于科学的研究"(scientifically-based research)是两个多次出现的概念。比如,该法强调考试评估要给学校和教师提供诊断性的信息,以利于教师鉴别教学中的问题并更好地实施基于科学的教学。又如,该法在有关学校支持系统建设和学校支持团队活动的条款中,要求学校支持团队成员必须拥有基于科学的教学知识,教学改进要依据基于科学的研究结论,等等。《不让一个儿童掉队法》反复提到的"基于科学的"究竟是何含义? 联邦教育部 2004 年发布的《家长参与指南》专门对"基于科学的研究"做了界定性说明:基于科学的研究是指运用严格、系统、客观程序获取有关教育活动和教育项目的可靠而有效的知识。具体包括:借助观察和实验手段的系统、实证的方法;运用严密的数据分析,且该分析足以检测所提出的假设并足以证明所得出的总体结论;依靠测量或观察的手段,且该手段能为所有评价者和观察者、各种检测和观察、同一调查者或不同调查者的所有研究提供可靠而有效的数据;运用实验或准实验的设计进行的评价;能保证呈现足够的细节并且明确可以反复应用的实验研究;已经被有同行评审的刊物接受,或通过相对独立专家组严格、客观、科学评议的成果。① 从教育部的这个界定性说明来看,"基于科学的"是一个具有严格含义的修饰语,无论是"基于科学的研究"还是"基于科学的教学",都将有很高的要求。尽管《不让一个儿童掉队法》的"基于科学的"提法被批评为否定了行动研究、现场访谈等质性研究方法,但它对于教育改革的实践来说仍然意义重大。就如美国教育管理学家马克·汉森(Mark Hanson)所指出的,在美国教育改革的以往实践中,常见的情景是:"管理者可以指点任何反映当前学区政策的事情:小队教学、个别教学、复式教学或杰出者阅读方法。人们还未提出过硬的数据来支持管理者的论点,因为通常几乎没有什么可用于支持一种方法优于另一种方法的明确而可信的

---

① U. S. Department of Education. Parental involvement guidance[Z/OL]. http://www.ed.gov/2004-04-23.

证据。深信者基于多少有点表面的合法性,说:'这对儿童和你(指教师)来说是最好的,干少了就意味着没能尽到专业人员的职责。'"①强调"基于科学的",将在很大程度上改变汉森指出的现象。从政—校关系的角度看,强调"基于科学的"考试评估及学校支持活动,必然使教育行政机关在监管学校的同时,必须为学校提供高质量的服务。从这个意义上说,在《不让一个儿童掉队法》所设置的政—校关系中,没有一方可以居高临下,也没有一方可以轻松履职。

3.奥巴马政府的修法计划将带来的变革

《不让一个儿童掉队法》实施后,在州绩效标准的制定、评估体系的建设、绩效责任制的推动以及家长广泛参与等方面确实取得了进展。"全国教育进展评估"的数据也表明,学生在阅读和数学两科的考试成绩上确有微弱改进(见表1-2)。但《不让一个儿童掉队法》实施以来也不断受到批评和质疑,包括对该法是否违反宪法第十项修正案精神以及各州绩效标准的合理性的质疑,也包括该法导致课程窄化、应试教学以及对失败学校"一刀切"的强硬处置等。从有关的统计数据来看,《不让一个儿童掉队法》的实施也确实没有在整体上改进美国的教育质量:"27%的美国青年辍学于高中,这就是说,有1 200万青少年离开学校闲游在街头。从最近的国际数学素养测试来看,我们15岁学生的成绩在29个发达国家中排位第24,科学在29个发达国家中排位17。我们只有40%的青年获得两年制或四年制大学学位。在上一代的25~34岁人群中,我们的大学毕业率是领先各国的,现在却排位第10。"②而且到2009年时,全国9.5万所学校中,已有6 000所被定义为需要"纠错行动"或"重构"的学校,"失败学校"的比例达到了空前的高度。③ 按照《不让一个儿童掉队法》的时间表,Title I学校的办学绩效和Title I学生学习结果改进的最终检测时间是2014年。但是,共和党在2008年的大选中败北,使得实施《不让一个儿童掉队法》的大环境发生了改变。贝拉克·奥巴马(Barack Obama)在竞选时曾提到,应该对《不让一个儿童掉队法》作全面的检讨,并暗示其当选后将弱化联邦角色和标准化考试。④ 奥巴马执政初期,虽然首先要应对金融危机和外交要务,但他仍给予教育充分的关注。在教育方面,奥巴马政府于2009年做

---

① 马克·汉森.教育管理与组织行为[M].冯大鸣,等,译.上海:上海教育出版社,2005:131.

② Secretary Arne Duncan's Testimony before the Senate Health, Education, Labor, and Pensions Committee and the House Education and Labor Committee on the Obama administration's blueprint for reauthorizing the Elementary and Secondary Education Act[EB/OL]. http://www.ed.gov/2010-03-17.

③ Dillon, S. Education standards likely to see toughening[N/OL]. http://www.nytimes.com/2009-04-15.

④ Dillon, S. Dangling money, Obama pushes education shift[N/OL]. http://www.nytimes.com/2009-08-17.

了三件大事。

表 1-2　美国学生阅读和数学成绩变化情况

学科	年级	成 绩 变 化 情 况
阅读	四年级	2007 年与 2009 年的两次考试成绩没有变化,但这两次考试成绩高于 1992—2005 年的历次考试成绩,平均提高了 4 分,即从 217 分提高到了 221 分
	八年级	2009 年的考试成绩比 2007 年提高了 1 分,比 1992 年提高了 4 分,但 2009 年的成绩与 1994—2005 年的历次考试成绩没有什么区别
数学	四年级	2007 年与 2009 年的两次考试成绩没有变化,但这两次考试成绩高于 1990—2005 年的历次考试成绩,从 1990 年到 2009 年,成绩上升了 27 分,即从 213 分提高到了 240 分
	八年级	2009 年的考试成绩高于以往历次考试成绩,从 1990 年到 2009 年,成绩上升了 20 分,即从 263 分提高到了 283 分

资料来源: National Center for Statistics. The condition of education [R]. Washington, D. C.: Education Publications Center, U. S. Department of Education, 2010: 44-49.

第一,奥巴马及其教育部长阿尼·邓坎(Arne Duncan)在不同场合多次表达了对《不让一个儿童掉队法》的不满,对其中的一些弊病提出了尖锐的批评,表达了将再次对《初等与中等教育法》修法的意向,为修法作舆论准备。

第二,通过 2009 年的《美国复苏与再投资法》(the American Recovery and Reinvestment Act),向教育直接拨款 770 亿美元,其中包括 130 亿美元的 Title I 专项经费,[1]不仅保住了 30 万个教育工作岗位,避免了教育界出现大的动荡,而且为修法将带来的教育改革做了部分的资金准备。[2]

第三,对通过修法意欲推行的教育改革内容做了部分尝试性探索,其中包括利用《美国复苏与再投资法》的拨款,在改进教师和校长的工作效能、为教育者和家庭提供有助于评估和改进学生学习的信息、新标准和新版考试的编制、对绩效最差学校的干预和支持四个方面的尝试性改革行动,[3]也包括鼓励各州联合制定全国通用的学业

---

① U. S. Department of Education. The American Recovery and Reinvestment Act of 2009: Education Jobs and Reform[Z/OL]. http://www. ed. gov/2009-02-18.

② Duncan, A. Reform, accountability, and leading from the local level [EB/OL]. http://www. ed. gov/2010-03-15.

③ U. S. Department of Education. A blueprint for reform: The reauthorization of the Elementary and Secondary Education Act [Z/OL]. Washington, D. C.: Education Publications Center, U. S. Department of Education, 2010: 3.

标准,促成全国州长协会和全美教育厅长理事会提出关于建立英语和数学全国通用学业标准的建议书。

在经历了 2009 年的准备之后,奥巴马政府终于在 2010 年 3 月正式提出了《初等和中等教育法》的修法计划。

(1)奥巴马政府的修法计划

2010 年 3 月 14 日,联邦教育部发表《改革的蓝图:重新修订初等和中等教育法》(A blueprint for reform: The reauthorization of the Elementary and Secondary Education Act),第一次正式而全面地展示了奥巴马政府的修法设想,而这个修法计划主要是修订《不让一个儿童掉队法》TitleⅠ的内容。3 月 15 日,教育部长邓坎在全国城市联盟代表大会的研讨会上发表演讲,阐述了修法的三个指导思想:"我们希望所有儿童处于面向高标准的大学和职场预备的学习状态;我们要奖励优秀;我们要造就一个更为贤明而更少按陈规旧方办事的联邦角色。"[1]3 月 17 日,邓坎在参议院作修法计划证词时解释说,修法是为了修补《不让一个儿童掉队法》的五个缺陷:允许甚至是鼓励各州降低标准;没有检测学生的成长或奖励优秀;用固定的干预手段对待有不同需求的学校;鼓励窄化课程并进行应试教学;给许多学校打上"失败"的标签而忽视他们遇到的挑战。邓坎还阐述了修法的三个主要目标:提高标准;奖励优秀;在继续聚焦于平等和缩小成绩差距的同时,加强地方控制和灵活性。[2] 可以说,这次修法并非仅仅出于政党攻讦的需要,而是奥巴马政府确实需要处理布什政府未能有效解决的一系列教育难题。不过,修法毕竟只是在前法基础上的修补,不可能对前法作根本性的颠覆。2008 年 9 月,行将结束第二任期的布什政府曾专门发表一份题为《美国教育及全纳之概览》(Education and Inclusion in the United States: An Overview)的报告,其中对《不让一个儿童掉队法》7 年的实施效果做了总结性的回顾,并概括了该法的四大支柱。[3]

第一,问责结果。包括甄别需要改进的学校与学区,为需要改进的学校提供帮助,通过为教师和校长提供清晰的反馈信息来改进教学,把确保教师素质作为工作重

---

① 　Duncan, A. Reform, accountability, and leading from the local level [EB/OL]. http://www. ed. gov/2010 - 03 - 15.

② 　Secretary Arne Duncan's Testimony before the Senate Health, Education, Labor, and Pensions Committee and the House Education and Labor Committee on the Obama administration's blueprint for reauthorizing the Elementary and Secondary Education Act[EB/OL]. http://www. ed. gov/2010 - 03 - 17.

③ 　U. S. Department of Education. Education and inclusion in the United States: An overview[R/OL]. Washington, D. C. : Education Publications Center, U. S. Department of Education,2008:39.

点,给学校提供更多的资源。

第二,基于科学的研究。教育改进重在利用已被严格的科学研究证明为有效的成果,联邦经费重点资助基于科学研究结论的教育改进策略与方法。

第三,扩大家长的选择余地。包括为家长提供更充分的有关其孩子进步的信息,提供其孩子就读学校业绩的重要信息,给予就读需改进学校的学生家长以新的选择。

第四,增加灵活性和地方控制。作为强化绩效责任的回报,给予州和学区在使用联邦经费和探索教师素质提高方式方面更大的灵活性;减少校长和管理人员程序性的文本工作,使他们在资源配置和工作创新方面获得更大的自由度。

如果将这四大支柱与新的修法计划加以对照,便可发现,奥巴马政府的修法重点基本没有脱离四大支柱所关涉的问题。

① 关于问责结果

在奥巴马政府的修法计划中,强化绩效责任制并问责教育结果仍然是联邦政府关注的一个重点,但有两点明显的变化:一是问责的焦点由机构转移到人;二是问责不限于责罚,也主张正面奖励和相关环境的建设。

在奥巴马政府的修法计划中,对于低绩效的干预模式一般都附带更迭校长和调整教师的措施。2009 年 3 月,联邦教育部建议各州建立关于教师教学及学生考试成绩的数据系统,以便区分有效教师和无效教师。奥巴马在 3 月的一次讲话中称,这样的数据系统能够告诉我们哪些学生是由哪些教师教出来的,这样就能评估哪些教师在发挥作用,哪些教师没有发挥作用。在另一次讲话中,奥巴马提出,要编制更有难度的课程标准,要在美国学校中培育一种问责的文化,州和学区应将不良教师剔除出去。① 随后,教育部长邓坎也在一次演讲中指出:"加利福尼亚州有 30 万教师,其中最好的 10%是世界上最好的教师,最差的 10%或许应该另谋出路。然而在加利福尼亚,没有人能够告诉你哪些教师属于哪一档次。这种情况就说明有问题了。"②奥巴马和邓坎的讲话以及奥巴马政府修法计划的有关内容,都显示出一种不同以往的问责倾向,就是问责的焦点由机构转移到了人。尽管问责焦点的转移显示了奥巴马政府严厉的一面,但奥巴马政府也不赞同《不让一个儿童掉队法》问责的单面性,就是只强调责罚的一面,而缺乏奖励的另一面。奥巴马政府的修法计划强调,问责制不仅要

① Stout,D. Obama outline plan for education overhaul[N/OL]. http://www.nytimes.com/2009 - 03 - 11.

② Dillon,S. Education standards likely to see toughening[N/OL]. http://www.nytimes.com/2009 - 04 - 15.

体现甄别失败学校,而且要给予学校、学区、州以支持,还要求各州奖励进步最大的学校和学区。奥巴马政府设想为州和学区提供资金来发展和支持有效教师和领导者。同时,奥巴马政府也非常主张教师的报酬与工作绩效挂钩。奥巴马政府计划推出的"争先项目"(Race to the Top)将拨款 43 亿经费,专门用于教学创新、提高成绩、提升标准、招募有效教师、失败学校翻身、建立数据系统等方面。按规定,各州要想得到"争先项目"经费,首先必须建立显示学生成绩或学生成长的数据系统,并且必须为建立教师、校长绩效挂钩的报酬制度扫除障碍。奥巴马政府也主张建设有利于学校绩效改进的积极环境。奥巴马说:"改革我们的学校教育以实施世界级的教育需要责任分担,责任不能仅由我们的教师和校长来承担,我们必须培育一种教师有时间合作,(校长)有机会领导,给予所有专业人员应有尊重的学校环境。"[1]教育部长邓坎宣布,在政府预算中,教师培养经费将翻一番,达到 2.35 亿美元,校长的培养经费将增加 5 倍,达到 1.7 亿美元。但与此同时,要求教师和校长的培养计划必须有重大变革。[2]奥巴马和邓坎的上述表态及相应的措施表明,新政府的问责不限于单纯的责罚,也主张正面奖励和相关环境的建设。

　　② 关于基于科学的研究

　　《不让一个儿童掉队法》提出的基于科学的研究,主要是强调考试评估以及学校支持团队的指导工作要给学校和教师提供诊断性的信息,以利于教师鉴别教学中的真正问题,更好地实施基于科学的教学。奥巴马的修法计划虽然没有特别强调这一概念,但实际上是沿袭了"基于科学的"思想,甚至力图通过强调更合理的标准、更完善的评估以及更完整的教育,进一步贯彻"基于科学的"思想。奥巴马政府批评《不让一个儿童掉队法》允许每个州建立自己的学业标准,结果许多州降低了课程和考试的难度,这种通过降低标准而获得学生成绩改进的假象显然是不科学的。同时,奥巴马政府也批评《不让一个儿童掉队法》仅聚焦于阅读、数学等少数课程,导致学校采用应试手法,把大量时间用于少数统考学科,不仅弱化了其他课程的教学,而且制约了教师的眼界并窄化了教师的知识,最终导致学生不能受到完整的教育,这当然也是很不科学的。教育部长邓坎甚至批评布什政府只看学生成绩改进的评估本身缺乏科学

---

① U. S. Department of Education. A blueprint for reform: The reauthorization of the Elementary and Secondary Education Act [Z/OL]. Washington, D. C.: Education Publications Center, U. S. Department of Education, 2010: 1.

② Duncan, A. Preparing the teachers and school leaders of tomorrow [EB/OL]. http://www. ed. gov/ 2010 - 02 - 19.

性,他在 2010 年 3 月的一次演讲中提出:"我们强调对学生成长的测量,而不仅仅是看考试分数。"①从奥巴马宣誓就职到《改革的蓝图:重新修订初等和中等教育法》发布的一年多时间里,奥巴马政府一直批评建基于少数几门课程考试成绩的教育绩效标准,联邦教育部反复强调,未来的学生如果没有全面素养,就没有竞争力,因此必须实施全面的教育,学生全面获得历史、艺术、科学、外语、阅读、写作、数学等各门学科的知识,要允许各州把英语和数学之外的学科也纳入绩效责任范畴。也只有如此,才可能实现奥巴马总统提出的国家教育目标:通过十年的努力,使美国再次达到全球最高的大学毕业率。②奥巴马政府的上述观点在其修法计划中被表述为:更高的标准、更好的评估和完整的教育。在《改革的蓝图:重新修订初等和中等教育法》中,所谓"更高的标准",有两个要点:一是改变布什政府对学业标准和绩效标准不甚科学的设定,转而实行"大学和职场的预备标准"(college-and career-ready standards),也就是高中毕业生无需经过补习班学习,就已具备进入大学继续求学或进入职场、军队服务的知识与能力;二是各州可以通过更新现有的标准,也可以通过与其他州联合开发的方式,建立州际通用的"大学和职场的预备标准"。所谓"更好的评估",有三个要点:一是要根据"大学和职场的预备标准"来开发新版评估,使之能为学生的成长提供更科学、精确的测量,能给课堂教学提供更充分、有效的信息,最终达到评估与大学和职场的预备密切联系的状态;二是在提高门槛和严格标准的同时,放宽达成标准的方式方法;三是要使评估提供更为广泛而全面的信息,各州就必须建立相应的数据系统,收集评估学校和学区中学生预备状态的信息,除英语、数学、科学之外,只要州愿意,还可以包含历史等其他学科的评估信息。评估信息不限于考试成绩,还可以包括学校气氛、学生出勤、纪律状况以及学生、家长、教职员对学校的主观感受等信息,在高中阶段,还应包括毕业率、大学升学率等信息。所谓"完整的教育",是指联邦政府将支持各州、各学区、各学校全面培养学生数学、科学、技术、历史、民事、外语、艺术、经济以及其他学科的素养,要通过经改进的教师专业发展模式和证据为本的教学模式,来实现这种全面完整的教育。

③ 关于扩大家长的选择余地

与《不让一个儿童掉队法》一样,奥巴马政府的修法计划高度关注高贫困、低绩效学校的改造,并把加大对这类学校的经费投入及技术支持与扩大家长择校余地结合

---

①② Duncan, A. Reform, accountability, and leading from the local level [EB/OL]. http://www.ed.gov/2010 - 03 - 15.

起来,不仅支持学区内择校,而且支持跨学区择校。与《不让一个儿童掉队法》有所不同的是,奥巴马政府十分关注服务于学校选择的人力资源供给问题。例如,修法计划设置了名为"学校回旋补助金"(school turnaround grant),专门资助州或学区对长期不能改进的低绩效学校进行干预,其干预模式有四种:转化模式(更迭校长,加强教职员队伍,实施基于研究的教学计划,延长学时,实施新的、灵活的治理方式);调头模式(更迭校长,调整不超过50%的教职员,实施基于研究的教学计划,延长学时,实施新的治理方式);再起步模式(以改换或关闭再开办的方式,将学校交给有效的特许管理组织或其他教育管理组织来经营);学校关闭模式(关闭学校,将学生转入本学区其他高绩效学校就读)。无论采用以上哪一种模式,都需要大量优质的教学和管理人力资源的提供。奥巴马政府明白,无论是在现有的公立学校系统人力资源存量中挖潜,还是加大在职教师、校长的培训力度,都难以满足现实的人力资源需求。因而,奥巴马政府竭力主张优质特许学校的扩容,希望借此解决服务于学校选择的人力资源供给不足的问题。

④ 关于增强灵活性和地方控制

就增强灵活性和地方控制而言,《不让一个儿童掉队法》主要是给予地方和学校在联邦经费使用及资源配置方面一定的灵活性和自由度。奥巴马政府的修法计划在继承的同时,将灵活性和地方控制扩展到更多的方面。教育部长邓坎在谈到修法计划时表示:"联邦政府要在灵活性和问责制两方面加以平衡,而不是一味地制订条文加以限制。"他还承诺:"对于大部分中等绩效的学校来说,我们将给予地方学区远比《不让一个儿童掉队法》更多的灵活性来改进它们的质量。"①邓坎的这一表态暗示,奥巴马政府不打算像布什政府那样对学校改进中的许多具体事务作严格而划一的规定。例如,奥巴马政府的修法计划在继续保留"有充分资质的教师"概念的同时,主张把"有效教师"、"高效教师"、"有效校长"、"高效校长"的定义权交给州或学区。其理由是,所谓"有效"和"高效",不应由联邦来作划一的界定,而需要基于各地学生的成绩、学生的成长以及课堂的实际观察来下定义。也就是说,对什么是好教师、好校长的界定,增加了灵活的地方特定含义。奥巴马政府修法计划在增加地方控制方面的另一个重要主张就是建立共同的学业标准。在联邦教育部的推动下,2009年9月21日,全国州长协会和全国教育厅长理事会联合发表了第一份全国教育标准草案。这

---

① Duncan, A. Reform, accountability, and leading from the local level [EB/OL]. http://www.ed.gov/2010-03-15.

份草案是除了得克萨斯州和阿拉斯加州之外的 48 个州共同签署的。该草案规定了所有学生在高中毕业前必须达到的数学和英语技能的共同标准。① 在教育部长邓坎看来，虽然这是一个共同的标准，但仍然是一种"地方控制"的体现。他解释道："48个州长和 48 个州教育厅长聚在一起工作，共同制定高标准——并非因为联邦的指令，而是因为他们共同相信，高期望会造就更为训练有素的学生。"②

（2）奥巴马修法计划对政—校关系变革的影响

尽管奥巴马政府的修法计划对《不让一个儿童掉队法》做了不少修改，但并没有根本脱离《不让一个儿童掉队法》Title I 的基本政策架构，更没有信守竞选时的承诺：弱化联邦的角色和标准化考试。因此有人评论说，奥巴马的基本策略跟布什没有什么两样，甚至还有人干脆称之为"布什第三任期"。③ 不过，新的修法计划一旦获得通过，还是会给美国的政—校关系变革带来新的影响。这种影响可能反映在以下三个方面。

第一，出现形成联邦—州教育行政磋商机制的可能性。

美国政策研究中心的一份联邦角色国际比较研究的报告指出，在联邦分权制国家中，联邦干预教育的手段一般有四种：通过"国际学生评估计划"（Program for International Student Assessment, PISA）等国际性考试加以监控；提出建议性的学业标准；通过实验性试点项目鼓励创新；专项资助处境不利儿童。长期以来，美国联邦政府一直在运用这四种手段干预教育。但德国、澳大利亚等其他联邦制国家已经走出了第二步，不仅提出标准，而且想办法让地方实施并达成全国性的标准。④ 德国和澳大利亚之所以可以比美国多走一步，是因为这两个国家都在联邦与州之间建立了常设的合作组织，也就是德国的教育与文化部长常设联席会和澳大利亚的教育、就业、培训与青年事务部长理事会，并因此形成了一种联邦—州教育行政磋商和决策机制。美国因宪法第十项修正案的存在，各州教育行政分治便成为不可动摇的格局。尽管布什政府通过《不让一个儿童掉队法》已将联邦教育部的教育行政影响力推到了前所未有的高度，但仍然不可能突破美国既定的教育行政基本格局。然而在奥巴马

---

① National academic standads: The first test[N/OL]. http://www.nytimes.com/2009-09-22.

② Duncan, A. Reform, accountability, and leading from the local level [EB/OL]. http://www.ed.gov/2010-03-15.

③ Dillon, S. Education standards likely to see toughening[N]. http://www.nytimes.com/2009-04-15.

④ Lykins, C. R. and Heyneman, S. P. The federal role in education: Lessons from Australia, Germany, and Canada[R/OL]. Washington, D. C.: CED Publication, 2008.

政府推动下形成的 48 州共同标准,却为各州教育行政分治传统的松动带来了一种潜在的可能:未来在美国,可能会逐渐形成一种联邦—州教育行政磋商机制。随着这种可能性的加大,不仅联邦与各州的互依与互动会大大增加,而且教育政策和教育绩效的跨州比较会备受关注,基层学校管理者的视野也会更加开阔,某一州的政—校关系变革将会牵动其他州的政—校关系变革,于是,政—校关系变革的影响因素就更为丰富而复杂了。

第二,政府对人力资源的需求将推动学校自主管理方式的进一步多样化。

由于奥巴马政府非常注重低绩效学校的改进,以及由扩大家长择校余地带来的优质教学与管理人力资源的供给问题,政府不可避免地要寻求来自传统公立学校系统之外的人力资源的增量,非传统教育主体介入学校管理及干预学校教学过程的状况将超过以往。按照《改革的蓝图:重新修订初等和中等教育法》的设想,非传统教育主体介入学校管理,一般都可以获得实行新的治理方式、学校自主管理程度提高、联邦项目经费使用灵活性增加等优惠条件,因而,更多非传统教育人力资源的导入,将推动学校自主管理方式的进一步多样化。

第三,"更好的评估"、"完整的教育"将增强学校和教师的话语权。

奥巴马政府计划中的"更好的评估"和"完整的教育",不仅要使学校和教师从忙于应对少数统考学科的困境中解脱出来,而且强调放宽达成标准的方式方法、促进学生的全面成长、教职员对学校的主观感受等,这就使得州和学区的教育行政官员必须经常倾听校长、教师对教育情景的感受和解释,教育行政决策也将越来越多地依赖来自一线课堂的数据和信息,学校和教师的话语权因此而增强了。

(二) 校本管理引发的变革

1. 早期校本管理与政—校关系变革

尽管早在 20 世纪 70 年代初,纽约州的弗莱希曼委员会(Fleischmann Commission)就提出了校本管理的思想,但弗莱希曼委员会当时的呼吁并没有获得很大的反响。1986 年,美国全国州长协会重提弗莱希曼委员会的主张,建议各州帮助学区排除法律和组织方面的障碍,鼓励各地实施校本预算和校本教师聘任制度,并赋予使用学校教育资源的决定权。当时全国州长办会主席、田纳西州州长拉马尔·亚历山大(Lamar Alexander)还提议,如果实施校本管理,州将放弃大量常规的教育管制权。[①]

---

① Razik,P. A. and Swanson, A. D. Fundamental concepts of educational leadership and management [M]. New York: Prentice Hall,1995:328.

正是州长协会的这一表态和承诺,才真正推动了美国校本管理的实践。美国校本管理初期的实践中,出现了几种代表性的模式。①

(1) 戴德模式

1986年,佛罗里达州戴德县教育委员会决定在该县部分学校试行校本管理。其主要内容是在向学校放权的同时,各校建立由教师组成的顾问式管理小组,参与学校预算、人事和学业计划方面的决策。其主要职能是研究问题,并向校长提出决策建议。而这些决策的最终取舍权仍由校长保留;教师管理小组的活动是业余性质的,他们参与决策的活动并不计入其工作量。

(2) 洛杉矶模式

1989年,洛杉矶统一学区教师工会与地方教育委员会经过谈判,以契约方式确定实施校本管理。双方按照彼此达成的协议,签署了一份有效期为3年的合同。合同规定,各校由学校理事会领导。理事会有权对校长的决定再作决定,但无权聘任或解聘校长。根据学校的不同规模,理事会成员可以由6～16名成员组成,包括校长、教师、学校职员、家长和社区代表。除校长之外,其余成员均由选举产生。无论成员多少,教师在理事会中必须占50%的席位,这也就决定了教师在理事会中处于支配地位。

(3) 芝加哥模式

芝加哥的公立学校质量低下是一个长期未获解决的难题,公众对此非常不满。1988年12月1日,伊利诺伊州州长签署了旨在推行校本管理的《芝加哥学校改革法案》。这项法案的签署被称为激进的“芝加哥革命”的开始。该法案规定,学校理事会由6位家长、2位社区代表、2位教师、1位学生(无表决权)和校长组成,从而使校外人士在人数上占据了优势。理事会主席在6位家长中产生,理事会的其他成员(除校长之外)均由选举产生,任期2年。理事会除了有权对学校各项事务作决策外,还有权聘任或解雇校长。结果,在“芝加哥革命”前就任的校长,在1990年一年中被解雇了二分之一,另一半校长也在1991年中被相继解雇。由理事会新挑选的校长,任期均在4年以下。校长如果期满而未被续聘,可以填补教师岗位的空缺;而如果没有教师缺额,就只能离开学校,另谋生路。

以上三种模式可以分别称之为行政控制模式(校长主导)、专业人员控制模式(教师主导)和社区控制模式(家长或社区人士主导)。尽管这三种模式各不相同,有的模

---

① Hanson, E. M. School-based management and educational reform in the United States and Spain[J]. Comparative Education Review, 1990, 34(4): 523 – 537.

式还非常激进,但它们都有一个共同的特点,即改革的重心都在于校内权力的重新分配及决策分享问题,而不在于政—校关系的调整。即便有政—校关系调整的成分,也往往是一种不对称的调整:政府下放责任,却并未真正下放权力。正如哈佛大学教授苏珊·莫尔·约翰逊(Susan Moore Johnson)所指出的:"尽管校本管理的承诺是将资源和人事的决策权下放给学校,但实际上很少真正兑现。"① 所以,早期的校本管理只是让学校管理者承担更多的责任并面临更多的考核,而"管理者在承担这些责任的同时,很可能得不到等量的权力、预算来确保他们能承担起新的责任。而且管理者必须仍然在一系列严密的规则和政策体系下工作"。② 这种状况被美国教育管理学家帕特里克·福西斯称作"决策权虚假地回归基层学校"。③ 可以说,早期的校本管理对政—校关系变革几乎没有什么实质性的贡献。

2. 特许学校与政—校关系变革

(1)州法和联邦政策的双重推动

"特许"这个概念出现于 20 世纪 70 年代,当时美国新英格兰州的一位教师雷·巴德(Ray Budde)提议,通过地方教育委员会与教师团体签订合同或授予特许状的形式,放权给教师们去探索新的教学方法。之后,美国教师联合会(American Federation of Teachers,AFT)原会长艾伯特·山克(Albert Shanker)公开表达了这一理念。他提议,只要工会和全体教师同意,地方教育委员会就应该可以向整所学校授予特许状。20世纪 80 年代,费城学区开始探索可供家长择校的"校中校"(school-within-school)模式,校中校也被称为经过学区特许的学校。这种特许办学的思想为明尼苏达州政府所接受,并将这种经特许而举办学校的基本价值归纳为三点:提供学生机会;提供家长选择;对教育结果担责。这就是继承了以校为本的管理思想并且兼收并蓄了磁石学校、公立学校选择、学校私营化,以及社区、家长参与管理等不同改革经验的特许学校,也是被美国教育管理学家称为"校本管理新版本"的特许学校。

1991 年,明尼苏达州率先通过了特许学校法。加利福尼亚州随之跟进,于 1992年通过了特许学校法。到 1995 年,全美已有 19 个州颁布了特许学校法,影响大为扩展。到 2003 年时,全美 40 个州以及首都哥伦比亚特区相继完成了特许学校的立法,37 个州有实质性的特许学校在运作,全美特许学校总数达到 2 695 所。④ 至 2009

① 冯大鸣. 沟通与分享:中西教育管理领衔学者世纪汇谈[M].上海:上海教育出版社,2002:166.
② 同上:165.
③ 同上:164.
④ 冯大鸣. 美、英、澳教育管理前沿图景[M].北京:教育科学出版社,2004:151.

年,全美特许学校总数已达 4 000 所,有超过百万的学生在其中就读。① 特许学校获此发展,不仅在于州层面的立法使之合法化,而且与联邦政府的支持和推动有很大关系。一方面,在明尼苏达州通过特许学校法之后的第三年,联邦教育部即推出"特许学校计划"(Charter Schools Program),拨专款 600 万美元,对特许学校的规划、启动项目设计、效果评价、信息及成功经验传播予以资助。1998 年,修订完善后的"特许学校计划"经国会批准,形成《特许学校扩展法》(Charter School Expansion Act of 1998),对特许学校的资助经费也逐渐上升。1997 年,克林顿总统在国情咨文中提出,到 2002 年,全国要创建 3 000 所特许学校,并提议为特许学校发展拨款 2 亿美元,另为改善特许学校设施,计划拨款 1 亿美元。② 在 2005 财年度,联邦对特许学校的资助经费已达 2.17 亿美元。③ 另一方面,在 1994 年的《改进美国学校法》Title I 中,特许学校被列为增加学生学业达标机会的一种途径,此后,联邦政府对特许学校的重视并未因民主党的败选而改变。按照《不让一个儿童掉队法》Title I 的有关规定,被鉴别为需改进状态的学校以及进入纠错阶段的学校,都必须为其学生提供择校机会,而学生择校的出路之一就是选择进入特许学校。此外,如果一所学校在纠错行动实施一年后仍然没有取得足够的年度进步,该校就要进入重构阶段,而重构的形式之一就是先关闭原校,然后转换成特许学校再开办。可见,特许学校同样是布什共和党政府实施《不让一个儿童掉队法》时不可或缺的一枚棋子。不过,特许学校在美国的发展并不平衡。特许学校在亚利桑那、加利福尼亚等州大行其道的同时,在另一些州仍然受到法律的制约或遭到教师工会的抵制。奥巴马就任总统后,强烈地意识到特许学校与扩大学校选择权等教育改进政策的关联意义,于是高调倡导大力发展特许学校。2009 年 3 月 10 日,奥巴马在对西班牙裔商会的演讲中,把特许学校称作美国教育改革的"创新实验室",他呼吁,"现在是时候解除对特许学校数量的限制了"。④ 奥巴马政府还通过经费资助政策来推动特许学校的发展,例如,为"争先项目"设置的前提条件之一就是,要获得该项目资助的州必须解除对特许学校数量的限制。为了获得"争先项目"经费,田纳西、罗德岛、印第安纳、康涅狄克、马萨诸塞、科罗拉多、伊利诺伊 7 个州已经废除了对特许学校的限制。⑤ 当然,奥巴马政府对特许学校并非一概而

---

① Zimmer,R. et al. Charter schools in eight states: Effects on achievement, attainment, integration, and competition[R]. Pittsburgh: RAND Corporation,2009: iii.

② U. S. DE. Overview of charter schools[EB/OL]. http://www. ed. gov/2003-10-15.

③ U. S. DE. The role of the federal government [EB/OL]. http://www. ed. gov/2009-05-15.

④ Stout,D. Obama outline plan for education overhaul[N//OL]. http://www. nytimes. com/2009-03-11.

⑤ Marcus,R. Obama's quiet success on schools[N/OL]. http://www. washingtonpost. com/2009-09-23.

论,而是把资助限定在有效的特别是高绩效的特许学校范围内。对于低绩效的特许学校,联邦政府不仅不给予资助,而且还要求地方予以关闭。奥巴马政府在其修法计划中承诺,联邦政府将为特许学校的发展提供竞争性的专款,特许学校或其他自主管理公立学校得到资助的条件是,跟其他公立学校一样要接受问责,要在学生学业成就方面加以改进。如果这些学校是低绩效的,就要削减经费或关闭。特许学校的管理组织如果能够与学区合作,支持学区改善学区内其他学校的质量,则可以获得更多的专款。同时,联邦政府将在学校运作的主要方面给予高绩效特许学校更多的自主权,涉及教职员管理、经费使用、作息时间安排和课程项目设置等多个方面。①

值得一提的是,随着特许学校总数的增长和特许学校运动的声势高涨,美国在2000年之后出现了"特许学区"(charter district)的概念。所谓特许学区,是指专门受托管理特许学校的管理实体。与传统的"学区"概念不同,特许学区并没有严格的地理界线,并不一定按照行政地域来划分,而只是把地理位置相对靠近的特许学校从传统的学区中单列出来统一管理。特许学区的管理实体多种多样,如州教育委员会、原有的学区教育委员会、新组建的教育董事会、州教育委员会指定代管的公立大学或地方市政当局,等等。特许学区的规模也无一定,有的特许学区不过管辖一两所特许学校,有的则管辖较多的特许学校,像中密歇根大学(Central Michigan University)甚至受托管理57所特许学校。到2003年,全美已有17个州及首都哥伦比亚特区建有特许学区。②

(2)特许学校带来的政—校关系变革

虽然美国各州特许学校法的条款和内容并不完全相同,但根据美国全国公立特许学校联盟(National Alliance for Public Charter School)的归纳,各州特许学校法的基本立法意图在于七个方面:③

① 增加全体儿童接受优质教育的机会;

② 为家长和儿童创造在公立教育系统内择校的机会;

③ 建立公立教育绩效的问责制度;

④ 鼓励教学实践的创新;

① U. S. Department of Education. A blueprint for reform: The reauthorization of the Elementary and Secondary Education Act [Z/OL]. Washington, D. C.: Education Publications Center, U. S. Department of Education, 2010: 37.
② Walter,K. et al. Charter districts: The state of the field[R/OL]. http://www.ecs.org/2004-04-30.
③ U. S. DE. Overview of charter schools[EB/OL]. http://www.ed.gov/2003-10-15.

⑤ 为教师创设新的职业机会；

⑥ 鼓励社区和家长参与公立教育活动；

⑦ 广泛推进公立教育的改进。

尽管上述立法意图的重点并不在教育管理体制改革，但是在各州特许学校法框架内实际运作的特许学校，一般都具有五个有关教育管理体制的基本特征：

① 学校使用公共经费，公立性质不变；

② 可以由教育界内外的法人或自然人来经营；

③ 受学区—学校绩效责任合同制约；

④ 学校按章程自主管理；

⑤ 生源基于办学声誉，"家长以足投票"（voting with parents' feet）。

可以说，就是这五个特征直接带动了政—校关系的变革，尤其是带动了学区与学校关系的重大变革。这种变革可以概括为如下四个方面。

第一，学校获得了以绩效换自主的机会。

按照美国联邦教育部的认识，特许学校的出现从根本上改变了政府管理公立学校的着眼点和着力点，其要点是变基于政府规章制度的管理（rules-based governance）为基于学校表现的绩效责任制（performance-based accountability）。[①] 联结这一政—校关系的绩效责任合同相当细致，对学校使命、发展目标、经费预算、课程设置、服务对象、考试方式、办学成效检测方式等一一加以厘定，并规定了附带学生学习结果的具体要求。达成绩效合同的要求虽然颇有难度，但学校由此能获得很大的自主运作的空间。简言之，政府通过绩效责任合同与学校形成委托和受委托的关系，学校通过执行绩效合同并实现绩效目标来换取自主管理的机会。在这种新的政—校关系下，学校将可以把更多的精力集中于教育、教学工作。

第二，对教育行政机关和教育行政官员提出了更为专业化的管理要求。

基于学区—学校绩效责任合同的管理模式突破了传统的科层制管理模式，减少了大量科层化的繁文缛节，使学区教育行政机关和教育行政官员摆脱了大量的行政琐碎事务，从而有时间思考学区教育发展的大局，对单纯管理特许学校的特许学区来说，尤其如此（见表1-3）。不过，对于教育行政机关和教育行政官员来说，摆脱大量的行政琐碎事务并不意味着轻松，他们必须考虑或解决一系列专业要求

---

① U. S. Department of Education. Education and inclusion in the United States：An overview［R］. Washington，D. C.：Education Publications Center，U. S. Department of Education，2008：11.

更高的问题,这也就意味着对教育行政机关和教育行政官员提出了更为专业化的管理要求。

表 1 - 3　特许学区的潜在有利性

	传统的学区管理	特许学区的管理
领导的焦点	学校的大量日常管理工作使学区领导无暇关注大局	摆脱了对所辖学校琐碎事务的过问,学区领导可以将注意力集中于教育大局
政治争议	因制定"一刀切"的政策而引发政治争议,从而被搞得走投无路、多方妥协,大大分散精力	持不同教育观的教师和家长可以选择与其观点相符的学校,政治争议平息
学校的认同	教师在课堂教学实践中抵制学区教育局的指令	因学校可以选择自己的教学模式,所以教职员的投入程度提高了
创新与适应	学区教育局的政策不能鼓励教师创新	学校层面的决策有助于创新,也有助于形成适应全体学生需要的策略
校长和教师的招募与更新	由上至下的环境不利于吸引最好的校长和教师到学区辖内的学校工作	自由而充满责任感的环境有助于吸引最好的校长和教师到学区辖内的学校工作

资料来源: Hassel, B. A new kind of school district: How local leaders can create charter districts [M]. Denver: Education Commission of the States, 2003: 2.

第三,政—校关系中互为依托、相互仰赖的一面得以凸显。

在传统的政—校关系中,政府下达指令、学校遵照执行是十分突出的特征。当奥巴马政府将发展和扩充优质特许学校视为解决优质人力资源供给不足的途径时,特许学校的地位就比以往更为重要了。一旦奥巴马政府关闭低绩效特许学校和奖励高绩效的新政策付诸实践,高绩效＝高自主＋高资助这一公式必然会刺激更多的特许学校经营者加紧教师队伍建设,并探索教育创新。在政府获得更多可供调配的人力资源与学校获得更多自由和更高资助的往复互动中,政—校关系中互为依托、相互仰赖的一面便受到强化并得以凸显。

在美国历史上,不乏联邦通过赠送土地或提供补助金来资助地方办学的先例。两百多年来,美国联邦政府一直沿用这一方式来达到影响各州教育的目的。20 世纪后期,随着联邦资助经费的不断攀升,联邦对各州教育的影响力也逐渐增强。从《改进美国学校法》的 TitleⅠ可以看出,联邦对各州的教育影响已不是一般意义上的影响,而几乎就是一种以经费为后盾的教育行政干预。各州自愿接受这种干预的主因并非仅出于对联邦教育主张的拥戴,而更在于对联邦丰厚资助的渴望。如果说 1994

年《改进美国学校法》重在构筑联邦干预的架构,那么,2001年《不让一个儿童掉队法》的意义就是使联邦干预政策成为严格、严密而实实在在的干预行动。而2010年的奥巴马政府修法计划,则试图修补布什政府干预行动的缺陷与漏洞,并且试图将联邦强力干预行为穿透学区层面而直达学校与课堂。《改进美国学校法》以来联邦的强力干预,不仅使联邦与州两级政府的关系发生了某些变化,而且带动了美国政—校关系的变革,联邦以经费投入购买干预权以及学校以绩效换取自由度,成为这一变革的基本取向。在这场变革中显示出勃勃生机的特许学校,既是联邦实践干预政策和干预行动的一个依托,也可谓政—校关系变革的"试验田"。特许学校的存在与发展,促使学区不得不改变其传统的行政管理方式,政—校互动的技术含量由此提高,政—校互动中相互依托的一面也由此凸显。

第二章

英国政府——学校关系变革

第一节 英国教育行政体制的基本架构

英国的学校教育虽然在公元 6 世纪末已经出现,但在英国的历史上,教育曾长期被看做是教会或私人的事业,国家并不过问。直到 1833 年英国议会通过《教育补助金法案》,规定国家每年对初等学校的建筑拨款补助,方才开国家介入教育之先例。1839 年,英国政府建立枢密院教育委员会,专司补助金的发放与管理。同年,建立教育视导制度并任命皇家督学,主要巡视教育补助金的使用情况。1839 年建立的枢密院教育委员会可以算是英国中央教育行政机关的雏形,到 1856 年枢密院教育委员会改为教育处,其教育行政机关的色彩就更为明显了。1870 年英国通过《1870 年初等教育法》(The 1870 Elementary Education Act,亦称《福斯特教育法》),规定在全国划分学区,并建立地方教育委员会,对公立初等教育进行管理,而地方教育委员会在征税、设学等事务上又必须接受中央教育处的监督,这就意味着中央和地方两级教育行政关系被实质性地建立起来。1899 年,英国建立国家层面的教育委员会,将中央教育行政监管事务统合于该委员会。1944 年英国颁布《1944 年教育法》(The 1944 Education Act),废除原来主要负责行政监督的教育委员会,设立行政职能完备的中央教育行政机关——教育部。教育部长负责促进国民教育,监督与领导各地方的教育事业。同时,建立中央教育咨询委员会作为教育部长的咨询机构。各地区教育计划的制订、地方教育行政首长的任免、地方教育命令的发布等重要事项都要经过教育部长的批准。至此,英国中央与地方的教育行政架构构筑完成。①

一、中央层面的教育管理

(一)中央教育行政机关的职能与架构

英国全名为"大不列颠及北爱尔兰联合王国",英国中央教育行政机关并不能统

---

① Parker, F. and Parker, B. J. Education in England and Wales[M]. London: Garland Publishing, Inc. , 1991: xxxi-liv.

领联合王国内的一切教育事务。传统上,中央教育行政机关的管理职能主要覆盖两大方面:英格兰的各级各类教育;威尔士的继续教育以及威尔士和苏格兰的大学教育、学术研究等。联合王国内的北爱尔兰有自己完全独立的教育行政体系,威尔士和苏格兰对各自的基础教育也基本拥有自主行政权和各自的教育行政体系,对于苏格兰和北爱尔兰的教育数据,国际组织一般也作专门的单列统计。一般而言,当人们谈论英国的基础教育问题时,实际上仅指涉英格兰的基础教育,本书亦如此。

英国中央教育行政机关经历了多次更名,仅从 1964 年起,就先后为"教育与科学部"(1964)、"教育部"(1992)、"教育与就业部"(1995)、"教育与技能部"(2001)。2007年戈登·布朗(Gordon Brown)政府将教育与技能部一分为二,组建了"儿童、学校与家庭部"(Department for Children, Schools and Families)和"创新、大学与技能部"(Department for Innovation, Universities and Skills)。2009 年,"创新、大学与技能部"又被取消,其职能转移到"商业、创新与技能部"。2010 年布朗辞职,工党政府解散。保守党和自由民主党组阁后,又恢复了"教育部"(Department for Education)的名称。教育部的每一次更名,都代表了英国中央教育理念、教育目标侧重点的某些变化,或者包括中央教育行政机关与内阁其他部在职能划分、联系上的某些调整。

本书以布朗政府的"儿童、学校与家庭部"为例,对英国中央教育行政机关的职能与架构加以考察。至于当时的另一个"创新、大学与技能部",因其仅有部分职能涉及大学教育,本书不作专门介绍。"儿童、学校与家庭部"的职能主要集中在基础教育和部分中学后教育的管理。"儿童、学校与家庭部"(以下简称"教育部")主要担负四大任务:

(1) 保障儿童与青年的健康与安宁;

(2) 保障青年与幼弱的安全;

(3) 保障儿童与青年能获得优异的教育;

(4) 为儿童提供更多安全的游玩场所。

英国教育大臣(Secretary of State for Children, Schools and Families)①是政府内阁成员,也是教育部的最高首长,其主要职责是保证每一个儿童获得尽可能好的生活

---

① 1964 年,英国"教育部"(Ministry of Education)更名为"教育与科学部"(Department of Education and Science),"Ministry"变成了"Department",其行政首长也从"部长"(Minister)变成了"国务大臣"(Secretary of State),此后一直延续下来。

起步,使他们能获得安全和健康的成长,按照高标准取得成绩,保证他们能度过快乐的童年时光,能够不受贫困因素的影响而对社会作出积极的贡献。教育大臣之下,设2名国务部长(Minister of State)和2名政务次长。2个国务部长分别掌管"学校及学习者"以及"儿童、青年及家庭事务"两大领域的事务,2位次长则各自协助一位国务部长管理"学校及学习者"或"儿童、青年及家庭事务"领域的事务。教育部内设8个司,各司之下设若干职能处,大致情形如下。①

1. 儿童与家庭司

儿童与家庭司下设7个处:

(1) 早期教育、扩展教育及特殊教育处(主管:质量与标准、儿童保育、儿童中心和扩展学校、特殊教育需要与残障、策略服务等);

(2) 家庭处(主管:家庭、战略及跨部事务、儿童照料、家庭参与、家庭法、问题家庭等);

(3) 安保处(主管:安保运作、儿童保护政策、儿童保护绩效、儿童安全);

(4) 儿童福利处(主管:贫困儿童、儿童健康与平安、肥胖儿童事务跨部门协调);

(5) 辅助传递处(主管:分析与研究、地方政策及绩效、员工发展、地区及地方合作伙伴关系、第三部门合作伙伴关系);

(6) 信息分享与管理改进处(主管:信息分享与管理改进计划、利益关切人的参与和沟通);

(7) 人事战略处。

2. 学校司

学校司下设3个处:

(1) 学校标准处(主管:城市挑战,国家挑战,政策与绩效,中央绩效科,21世纪学校;学生行为及出勤改进,学生福利、健康与安全,课程;中央专业发展项目,学校改进与挑战,学生学习鸿沟缩小,学业进步与个性化学习);

(2) 学校资源处(主管四个科:学校经费与技术科、学期状态科、供应和技能科、战略与关系科);

(3) 学校设置与投资处(主管:部管学校的资产、新校设置,部管学校政策、财务与绩效,独立学校和学校组织,学校资产运作等)。

---

① DCSF. Departmental report 2009[M]. London: The Stationery Office, 2009: 133 - 169; DCSF. The department structure [EB/OL]. http://www. dcsf. gov. uk/2009 - 08 - 09.

3. 青年司

青年司下设 6 个处：

(1) 青年工作处(主管：青年工作组、青年分析、传递与实施、青年工作策略)；

(2) 青年参与和达成处(主管：青年的参与和达成、14～19 岁青年的资助)；

(3) 资格战略与改革处(主管：普通资格与功能性技能、相关的考试、青年策略传授、14～19 岁青年的各种文凭、有关 14～19 岁青年的临时策略与实施、14～19 岁青年的外部关系)；

(4) 儿童与青年支持处(主管：青年指导、活动和责任、问题青年、与司法部联合的青年司法、社区整合科)；

(5) 国际联合处(主管：国际访问和教育伙伴、多边教育与技能、国际就业与社会政策、欧洲社会基金等事务)；

(6) 学徒处(主管：内阁其他部或其他有关部门与教育部联合运作的学徒资格科、培训等事务)。

4. 产业服务司

产业服务司下设 1 官 6 处：

(1) 首席信息官(主管：战略与架构和能力与绩效、项目管理与风险评估、商务问题解决、服务的传递)；

(2) 产业服务运输项目处(主管：联合服务的实施管理、临时的专门项目管理)；

(3) 财务处(负责管理账目和产业财务报告、财政账户和产业管理)；

(4) 人力资源处(负责识别与奖励、用户关系管理)；

(5) 商务处(主管：儿童服务、学校商业服务、物业与设备管理)；

(6) 研究与分析处(主管：战略分析和研究、政策影响、首席经济学家)；

(7) 策略与绩效处(主管：策略科、能力与绩效、教育大臣的高级政策顾问、数据服务)。

5. 法规司

负责起草有关儿童安保、服务及家庭，儿童保育，结构与资源，员工、课程与学生，部管学校与产业等各种法规或政策。

6. 沟通司

沟通司下设 4 处 1 室：

(1) 沟通策略与审察处；

(2) 产业及内部沟通处；

(3) 营销处；

（4）用户联络与商务开发处；

（5）新闻办公室。

7. 地区政府联络司

英国中央政府按地域分别设置东部、东南、中西部、东北、西南、约克谢尔与亨伯、中西部、伦敦、西北共9个地区政府办公室，它们属于督促地方贯彻内阁各部政策的驻地机构。教育部的地区政府联络司专门负责与9个地区政府办公室就教育事务保持联系和协调。

8. 儿童与学习者司

这个司设有9名儿童与学习者事务主任，分别主管东部、东南、中西部、东北、西南、约克谢尔与亨伯、中西部、伦敦、西北9个地区的相应事务。

上述各司的司长组成一个教育部部门委员会，每月开一次碰头会商讨部门工作。实际上，教育部许多日常的政策和管理事务都是由这个委员会决定的。委员会由一个专设的常务秘书来主持，并且吸收了2名来自教育部以外的非常设委员参会，以使委员们能了解外部的观点或在议决中吸收外部的意见。教育部部门委员会的委员同时是教育部内部行政管理委员会的当然委员。行政管理委员会也是每月举行一次会议，主要就经费资源和人力资源配置问题提出咨询性意见或建议。

（二）中央教育督导机构的职能与架构

在谈及英国中央层面的教育管理时，教育标准局(Office for Standards in Education, Ofsted)是一个不能不提的重要机构。虽然目前该机构的全称已经改为"教育、儿童服务及技能标准局"(Office for Standards in Education, Children's Services and Skills)，但Ofsted这一简称仍然沿用。Ofsted并不是政府机构，而是一个由政府资助并指派高级职员的准独立性质的教育督导评估机构，它通过公开发表教育督导报告，以及为教育部提供咨询性意见等方式，对英国的教育行政决策和其他教育管理事务发挥广泛而重要的影响。

Ofsted有一个由教育大臣任命的非常务委员会，发挥咨询或象征性领导作用，皇家总督学(Her Majesty's Chief Inspector, HMCI)是其中的委员之一。Ofsted的实际主持人是由教育大臣任命的皇家总督学。Ofsted下设行政、财务、儿童、教育、学习与技能5个处，皇家总督学加上这5个处的处长，就是Ofsted常设的领导团队。根据2007年公布的数据，Ofsted的雇员总数为2 700人，其中半数以上是督学。Ofsted中只有少量的皇家高级督学(Her Majesty's Inspector, HMI)，大量的实际督导工作是通过签订个人合同另聘督学来完成的，他们被称作外聘督学(Additional Inspector, AI)。实际上，外聘督学才是Ofsted实施督导工作的真正主力军。近年来，Ofsted根据教育部的要求,正在逐步压缩经费开支。2003—2004财年度,Ofsted的经费开支是2.66亿英镑,2007—2008财年度降为2.36亿英镑,2008—2009财年度的开支预计将进一步压缩为1.86亿英镑。[①]

根据《2006年教育与督导法》(Education and Inspections Act 2006)的精神,Ofsted的基本使命有三:[②]

(1) 促进教育服务质量的改善;

(2) 确保教育服务着眼于用户的利益;

(3) 确认教育服务的效率和效果并促使其物有所值。

《2006年教育与督导法》颁布后,Ofsted的工作范围进一步扩展。目前在英格兰,Ofsted的督导和规范对象包括下述十三个方面:[③]

(1) 幼儿保育员;

(2) 日托所;

(3) 儿童收养或寄养机构;

(4) 家庭学校或儿童之家;

(5) 所有公立学校;

(6) 部分独立学校;

(7) 学生辅导中介机构;

(8) 儿童与家庭法律服务机构;

(9) 地方教育当局为儿童和青年提供的教育服务质量及结果;

(10) 继续教育;

(11) 初任教师培训;

(12) 公共经费资助的成人技能培训和就业指向培训;

(13) 囚犯、被强制监管居住者、被判缓刑者的学习情况。

二、地方层面的教育管理

英国的地方教育行政由地方教育当局(Local Education Authority)负责,这里的

---

① Ofsted. Raising standards, improving lives: The Office for Standards in Education, Children's Services and Skills strategic plan 2007—2010[M]. London: The Stationery Office Limited, 2007: 20 - 23.

② Education and Inspections Act 2006[EB/OL]. http://www.politics.co.uk/2006 - 12 - 10.

③ Ofsted. About-us [EB/OL]. http://www.ofsted.gov.uk/2009 - 08 - 09.

"地方",系指郡或郡直辖市。在英格兰和威尔士,地方教育当局是地方议会或地方政府中负责当地教育管理的一个机构。不过,英国的地方教育行政管理机构起初并不称作地方教育当局,地方教育行政机构的管理职能也并不像如今的地方教育当局那么完备。一般认为,英国地方政府对教育的正式介入是从《1870年初等教育法》颁布之后才正式开始的。《1870年初等教育法》规定,国家在继续拨款补助教会学校或私立学校的同时,在缺少教会或私立学校的地方设置公立学校,并且规定在全国划分学区,建立地方教育委员会(School Board)。地方的初等教育事业由当地的教育委员会负责监管。地方教育当局作为一个专门的概念,是在《1902年教育法》(1902 Education Act)中第一次出现的。《1902年教育法》规定,以地方教育当局取代原来的地方教育委员会,以各个郡议会或郡直辖市议会为单位设立地方教育当局,作为地方教育行政建制。《1944年教育法》颁布后,地方教育当局的职能范围进一步扩大和完备,中央教育部的政策通过地方教育当局来具体贯彻实施的关系进一步理顺,地方教育当局的行政地位也稳定下来。从法理上说,郡议会或郡直辖市议会即这个郡或郡直辖市的地方教育当局。但一般情况下,地方议会通过设立一个教育委员会(Education Committee)来负责地方教育事务的决策,并建立一个地方教育局来处理地方教育行政的日常事务。所以,地方教育当局的日常行政实权往往就掌握在教育局局长(Chief Education Officer of Education, Director of Education)的手中。①

(一)《1944年教育法》的规定

按照《1944年教育法》的规定,地方教育当局的主要职能大致如下:②

(1) 在中央教育部确定的政策框架下,决定地方的教育政策;

(2) 设置、维持并管理辖区内的公立学校;

(3) 为公立学校制定管理规则或办法;

---

① 需要说明的是,"地方教育当局"(Local Education Authority)只是英国各地对地方教育行政管理机构比较普遍的称呼而已,在英国的少数地方,从来就将地方教育行政管理机构称作"儿童服务当局"(Children's Services Authority),或干脆叫做"地方当局"(Local Authority)。2005年教育白皮书建议以"地方当局"作为地方教育行政管理机构的统一称谓,《2006年教育与督导法》专门规定,允许将来各地方将地方教育行政管理机构的名称统一为"地方当局"(Local Authority)。实际上,在此后的英国教育部官方文件中,已经以"地方当局"替代原先的"地方教育当局"了。为了避免读者在阅读中的概念转换,本书自始至终使用"地方教育当局"。

② 台湾比较教育学会. 教育行政比较研究[M]. 台北:台湾书店,1985:133 - 134; Local education authority[EB/OL]. http://www.absoluteastronomy.com.

（4）为学校配置师资、校舍、设施设备等各种资源；

（5）任免公立学校校长与教师；

（6）为学生提供午餐、交通工具等各种福利条件；

（7）为特殊儿童提供特殊教育及服务；

（8）为接受继续教育和高等教育的本地学生提供奖学金；

（9）设置并维持教师培训机构。

在《1944 年教育法》所构建的体制框架背后，实际上有一条重要的教育行政管理基本原则：国家的教育事业应当交由地方政府来管理。这就使地方教育当局获得了相当大的管理自主权，既掌控着包括人力和硬件在内的学校资源配置权，也拥有学校价值取向的监管权和办学质量、办学效益的评判权。

（二）20 世纪 80 年代后的改变

有趣的是，英国自 20 世纪 80 年代以来的历次教育管理体制改革，几乎都与上述"国家的教育事业应当交由地方政府来管理"的基本原则背道而驰；其中的每一次改革，几乎都以弱化地方教育当局的管理自主权而告终。从 20 世纪 70 年代后英国的教育管理体制改革政策来看，尽管保守党和工党具有不同的意识形态，但在加强中央政府对教育的控制和弱化地方教育当局的管理自主权上，却没有根本的区别。可以说，从 1979 年撒切尔夫人上台到 2010 年布朗辞职的 31 年，是地方教育当局传统地位受到连续冲击的 31 年。与《1944 年教育法》的规定相比，地方教育当局的职能已经发生了很多变化。或者更确切地说，地方教育当局的职能长期处在连续变化的动态中。由于这种变化的速度和程度即使在英格兰各郡中也存在差异，所以很难罗列出地方教育当局"目前"稳定的职能。更何况对于不同类型的学校，地方教育当局所拥有的管理权限也有所不同。比如，按照《1998 年学校标准与架构法》（The 1988 School Standards and Framework Act）的规定，由地方教育当局管理的学校分为五类：社区学校（community school）、基金会学校（foundation school）、志愿学校（voluntary school）、社区特殊学校（community special schools）以及基金会特殊学校（foundation special school）。其中，志愿学校又分为受控的志愿学校（voluntary controlled school）和津贴志愿学校（voluntary aided school）两类。[①] 这些学校的办学资金来自地方政府，教授国家规定的课程，其教师的工资报酬按照全国统一的《学校教师报酬及状态文件》（School Teachers' Pay and Conditions Document）的标准给付，

---

① The 1998 School Standards and Framework Act [EB/OL]. http://www.dcsf.gov.uk.

不过,地方教育当局对各类学校的管理权限有所不同。比如,社区学校的员工聘用权归地方教育当局,学生入学规则主要由地方教育当局制定,学校的地产和房产归地方教育当局所有。基金会学校大部分由原先的直接拨款学校(grant maintained school)转变过来,其地产和房产归学校董事会或某个慈善基金会,学校董事会的大部分成员由基金会任用,员工聘用以及学生入学规则主要由学校董事会决定。受控的志愿学校一般为教会办的学校,其地产和房产虽然归某个慈善基金会所有,但其校舍的维护和运转费由政府提供,其员工聘用权归地方教育当局,学生入学规则也主要由地方教育当局制定,有关学校办学的话语权大部分在地方教育当局。津贴志愿学校由各种教会组织或其他社会组织的慈善基金会举办,学校的地产和房产归基金会所有,校舍的维护和运转开支的50%由政府承担,学校董事会的大部分成员由慈善基金会任用,员工聘用以及学生入学规则主要由学校董事会决定,有关学校办学的话语权大部分在基金会。除以上几类学校以外,还有少数中央教育部直接出资、直接管理的学校,如城市学院(city college)和学园(academy)等。对于这样的学校,地方教育当局几乎没有什么管理权。当然,地方教育当局毕竟仍然是今日英国教育管理体制架构中的一个层次,其管理职能虽经反复削弱,但仍保留着一些必要的学校监管职能,例如,按照《1998年学校标准与架构法》第二章的规定,地方教育当局要负责提升本地中小学教育质量和制订本地教育事业发展规划;地方教育当局具有公布学校开办的权力和建议学校变更、终止的权力。该法第四章还规定,一旦学校办学绩效不尽如人意,学校安全出现隐患或纰漏,学校教育中存在明显的歧视或偏见,地方教育当局将有权进行干预。[1] 地方教育当局的上述权责在《2002年教育法》中再次得到重申。[2]

(三) 2005 年后的新定位

2005 年,英国教育部发表了名为《面向全体学生的更高的标准和更好的学校:给予家长和学生更多的选择》(Higher standards, better schools for all: More choice for parents and pupils)的教育白皮书,其中第九章"地方当局的新角色"对地方教育当局的基本角色及主要权责进行了描述。[3]

(1) 地方教育当局是本地家长和学生的有力后盾,是本地教育的代言人和协调者,而不是教育的直接提供者。

---

[1] School Standards and Framework Act 1998 [EB/OL]. http://www.dcsf.gov.uk.
[2] Education Act 2002[M]. London: The Stationery Office Limited,2001: 48 - 49.
[3] DfES. Higher standards, better schools for all: More choice for parents and pupils[M]. London: The Stationery Office Limited,2005: 103.

（2）赋予地方教育当局担当新角色的权力和责任，以便地方教育当局能够：

① 促进教育的选择性、多样性、公平性以及办学水平的高标准；

② 根据居民人口结构、多样性以及儿童教育的实际要求来筹划本地教育事业；

③ 通过对办学场所的协调与挖掘，确保热门学校的扩校或联办，保证失败学校被关闭，并使通过竞标胜出的新学校得以开办；

④ 针对应为新办学校提供哪些教育服务、对口哪个社区以及应该与哪些学校或服务机构形成伙伴关系等作出安排；

⑤ 通过支持、干预甚至发出警告通知书或及时的果断行动，帮助所有学校提高办学质量标准。

同时，该教育白皮书还对地方教育当局的基本职能做了新的定位：①

（1）明确本地的教育目的；

（2）关注家长的意见；

（3）规划设计本地学校系统；

（4）为本地 14 岁以上青少年的学习提供多样化服务；

（5）引领本地学校教育质量的提高；

（6）做儿童及其家庭的后盾；

（7）管理各种提升地方办学水平的项目资金。

在此之后，英国政府对地方教育当局的职能要求基本延续了 2005 年教育白皮书的意见，即使在 2007 年戈登·布朗担任首相后也是如此。比如，英国教育部在其 2009 年教育白皮书中重申了对地方教育当局的要求与希望，其中包括：要让地方教育当局担当本地青少年及其家庭的战略协调人的角色，与其他合作伙伴协同工作；期望地方教育当局为服务对象提供必要的信息和高质量的数据资料，并在构建和维护学校与本地其他服务机构伙伴关系方面提供支持；强化地方教育当局战略专员的行为，在地方教育当局未采取有效步骤应对本地教育绩效低下的情况下，议会要授权教育大臣可以命令地方教育当局采取措施；作为一种新的要求，地方教育当局要收集家长对教育事务的意见，并就家长不满意之处提出地方性的改进计划。② 可以说，这些要求基本上都没有超出 2005 年教育白皮书对地方教育当局职能的定位。

---

① DfES. Higher standards, better schools for all[M]. London：The Stationery Office Limited, 2005：104 - 112.

② DCSF. Your child, your schools, our future：Building a 21st century schools system[M]. London：The Stationery Office, 2009：71.

自 20 世纪 80 年代以来,英国的地方教育当局确实丧失了大量常规管理职能。但与此同时,地方教育当局也逐渐被赋予一些新的职能。从总体上看,地方教育当局传统上对地方学校的大量直接管理职能已被一系列方向引领、统筹规划、信息服务、督促推动等间接管理职能所替代。所以,在过去的三十余年中,地方教育当局并未被取代,而只是实现角色的转型。

第二节　英国政府—学校关系变革

一、背景概述

从某种意义上说,教育管理的职能是个"常数",地方教育当局所丢失的管理权限必然转移到其他主体手中。所以说,地方教育当局管理职能的变化与中央教育部、基层学校管理权责的变动是同步发生的。中央、地方、学校三者相对地位的变动、相互关系的变化以及教育管理权责在不同主体之间的转移,构成了教育管理体制的改革,其中必然包含政—校关系变革的内容。

从政—校关系的角度说,《1944 年教育法》对中央、地方、学校三个层次的权责做了比较明确的定位:中央政府确定国家教育政策并负责配置教育资源;地方教育当局负责制定地方教育政策并直接为学校调配资源;学校校长和学校管理委员会在政府的政策框架内自主决定学校的政策,并对政府配给的资源进行管理。

对《1944 年教育法》所设置的教育管理体制框架的突破与改革,从 20 世纪 70 年代就已经开始了。1974 年,在北伦敦的一所小学,因部分教师引入过于另类的教学模式,引发了教师与教师、教师与学校领导之间的意见分歧,甚至一度导致该校出现失控状态。对这一事件的调查引出了一连串亟需反思的问题:学校课程究竟由谁来掌控?地方教育当局到底应该担负哪些责任?教师应当如何考核?教育效能如何评估?1976 年,当时的英国首相詹姆斯·卡拉汉(James Callaghan)在其著名的拉斯金学院演讲(speech at Ruskin College)中,批评了英国教师技能低下的状况,提出了建立国家统一课程的设想,由此带动了一场教育问题大辩论。大辩论的结果是,英国中央政府通过种种手段开始对学校课程和教师的工作绩效进行干预。从 1979 年到 1988 年,保守党内新自由主义(Neo-liberalism)代表撒切尔夫人连任三届首相。在此期间,撒切尔夫人推动了包括教育在内的公共服务市场化的改革,由此导致英国的政—校关系发生了诸多变革,而《1988 年教育改革法》(Education Reform Act 1988)的颁布实行,将英国的政—校关系变革推向高潮。1997 年,在保守党连续执政 18 年之后,布莱尔的工党政府上台执政。出人意料的是,布莱尔政府并不计较工党与保守党在意识形态上的传统分歧,在公共服务领域延续了保守党的新自由主义理念和市场化管理路线,英国的政—校关系也因此沿着先前的变革轨道继续向前发展。下面以撒切尔夫人、梅杰、布莱尔和布朗四位首相的执政期为界,对 1979—2010 年 31 年中英的政—校关系变革内容进行分段分析。同时,也对卡梅伦—克莱格联合政府的政—校关系变革趋向进行考察。

二、政府—学校关系变革

(一) 玛格利特·撒切尔当政时期的政府—学校关系变革(1979—1990 年)

　　1979 年玛格利特·撒切尔(Margaret Thatcher)上台执政时,英国正经历石油危机带来的经济滞涨。撒切尔夫人的新自由主义治国理念加之政府公共支出必须缩减的现实局面,使得撒切尔政府决定选择在公共服务领域引入市场机制以及改变公共管理模式的政策取向。这一政策取向体现在教育管理体制改革上,就是削弱地方教育管理职能,赋予学校自主管理权;提高教育用户地位,给予家长更多的学校管理话语权和自由择校权;强化中央教育部对教育的监管职能,总揽标准设定、课程编制、督导评估等关键权。

1.《1988 年教育改革法》颁布之前的管理体制改革铺垫

　　撒切尔夫人主政时期的教育管理体制改革政策在《1988 年教育改革法》中得到了全面反映,并因此对传统的政—校关系形成了一种前所未有的解构力。不过,《1988 年教育改革法》不是一场突发的革命,而是经历长期的改革铺垫后才形成的。这种改革的铺垫在撒切尔夫人执政初期业已开始,并从三个方面逐步铺展。

　　首先,撒切尔政府通过提高教育用户的地位和权利,削弱地方教育当局的管理权。《1980 年教育法》(The 1980 Education Act)规定,家长有权选择学校,如果家长择校未能如愿,还有上诉的权利。同时,政府还通过一项辅助安置计划(Assisted Places Scheme),公费资助 3 万名儿童就读私立学校。接着,《1981 年教育法》(The 1981 Education Act)规定,家长如果认为其子女学习有困难,即有权提出特殊的教育需求,地方教育当局负责对这些需求进行鉴别,并提出如何提供特殊教育帮助的方案。之后,上述两个教育法中有关家长权利的内容又通过 1984 年的绿皮书《家长对学校的影响》(Parental influence at school)得到进一步强化。《1986 年教育法》(The 1986 Education Act)要求地方教育当局向学校理事会通报学校财务管理方面的信息。由于此时的学校理事会中,家长代表占有很大比例,所以也就是间接扩大了家长对学校运行状况的知情权。由于撒切尔政府赋予家长的新权利原先基本都在地方教育当局的管辖范围内,因此可以说,所谓提高教育用户地位或赋予家长更多的权利,实际就是在削弱地方教育当局的管理权。

其次,撒切尔政府通过管理职能的调整和统整,缩减地方教育当局的管理范围。

为了促进针对 14～18 岁青少年的技术与职业教育,英国政府于 1982 年启动了"技术与职业教育的新举措"(Technical and Vocational Education Initiative),并将这一计划交由人力服务委员会(Manpower Services Commission)管理,地方教育当局对技术与职业教育的传统管理职能由此被取代了。1983 年,教师教育认证委员会(Council for the Accreditation of Teacher Education)成立,编制了全国性的入职教师培训课程标准,既提高了教师专业要求,也等于从地方教育当局手中夺走了教师培训管理权。

再次,撒切尔政府通过改革课程管理机构,扩大教育部对课程编制的影响力。

传统上,教育部在学校课程方面并无决定权,只是通过项目资助等途径,对学校的课程与教学法产生间接的影响。而虽然《1944 年教育法》赋予地方教育当局负责学校课程管理的职责,但地方教育当局实际上并未对课程与教学法作出什么规定,因此,教什么和怎么教的权力就等于保留在学校校长和教师手中。但是,到了 1983 年,中央政府出台政策,要求地方教育当局编制地方课程政策,并且向教育部报告课程政策的制定情况。1984 年,教育部通过机构改革,废除了教师在其中有很大话语权并对课程设计和编制具有重要作用的学校理事会(Schools' Council),将课程编制权转移到教育部掌控的学校考试委员会(School Examinations Council)和学校课程开发委员会(School Curriculum Development Council)手中。这样,教师对课程编制的影响力大为减弱了。1985 年,当时的教育大臣凯斯·约瑟夫(Keith Joseph)提议,将教师的考核结果与教师收入挂钩,以便促使教师勤奋工作。如此,教师在丧失课程编制权的同时,其工作绩效方面的压力增加了。

2.《1988 年教育改革法》中关涉政—校关系变革的内容

(1)国家课程

建立国家统一课程,并通过主要阶段(key stages)的设置,就各学段学生的学习结果预设国家的期望水平。在后来的实践中,这些主要阶段被分成 0～5 段:

主要阶段 0:托儿所(3～5 岁),也称"基础阶段"(foundation stage);

主要阶段 1:一～二年级(5～7 岁),本阶段结束,学生要经过校内教师命题的英语、数学、科学三科考试;

主要阶段 2:三～六年级(7～11 岁),本阶段结束,学生要参加英语、数学、科学三科的国家课程考试;

主要阶段 3:七～九年级(11～14 岁),本阶段结束,学生要参加英语、数学、科学三科的国家课程考试,其难度明显提高,以英语为例,需要考核莎士比亚剧本研究的内容;

主要阶段 4:十～十一年级(14～16 岁),本阶段结束,学生需参加普通中等教育证书考试(GCSE);

主要阶段 5:十二～十三年级(16～18 岁),本阶段结束,学生可参加中学高级水平考试(A-Level)、中学准高级水平考试(AS-Level)或国家职业资格考试(NVQ)。

由于学生考试及学校之间的成绩排名要向社会公布,这实际上就成为家长择校的主要参考依据。所以,从建立国家课程的目的来说,"全国统一课程和全国统一测试提供了一种标准,根据这种标准,教育消费者可以在不同的学校,甚至不同的地区间判断其子女所受的学校教育之效率。国家、中央为达到统一而进行的干预,旨在帮助消费者个人选择的过程"。① 这被解释为是为了提高家长的地位和保障家长的利益。从教育管理体制的角度看,国家课程的建立使得中央政府实质性地控制了国家课程的课程标准和考试标准,这就意味着对《1944 年教育法》建立的中央、地方、学校三级管理体制框架的某种解构。《1944 年教育法》保留给地方和学校的课程决定权从此被收归中央政府。

(2)学校自主管理经费

在《1988 年教育改革法》颁布前,学校只拥有课本教材方面的经费预算和支配权,而按照《1988 年教育改革法》的规定,"凡学生超过 200 人的中小学都有自由权决

---

① 瞿葆奎.教育学文集·英国教育改革[M].北京:人民教育出版社,1993:753.

定如何使用地方教育当局提供的财政资源。例如,这些学校可以决定聘用何种专业教师,或是否把资源用于教材、设备或教师"。① 在这些学校中,几乎所有办学经费预算权都由学校自主掌控。这样就使地方教育当局在很大程度上失去了对公立学校的经费管理权。由于学校董事会中必须有一定比例的家长代表参加,因此从一定程度上说,地方教育当局所交出的学校经费管理权,间接地转移到了家长代表的手中。当然,在实行开放式入学和允许家长择校的情况下,学校究竟能获得多少经费取决于学校的招生情况。因而,学校在获得经费管理权的同时,也必须维持或改进自己的办学质量。

(3) 直接拨款公立学校

公立中小学可以自主选择是否申请成为直接拨款公立学校(grant maintained school)。一旦成为直接拨款学校,公立中小学就完全摆脱了地方教育当局的管理,成为由教育部直接管理的学校,并通过基金代理机构,直接从教育部获得办学经费。对于公立学校来说,直接拨款学校的吸引力主要在于两点:一是政府允许直接拨款学校(中学)可以根据学生的能力,自主挑选最多不超过 10% 的生源;二是直接拨款学校常常可以得到一些来自教育部的附加经费。直接拨款学校对原有教育管理体制的冲击主要表现在三个方面。首先,直接拨款学校的申请规则本身就意味着家长和教师有权摆脱地方教育当局的管理,也意味着"允许家长和教师根据自己的喜好来改变学校的属性"②。其次,《1988 年教育改革法》第五十三条规定,直接拨款学校董事会由校长(当然董事)、1～2 名教师和 5 名家长构成,这就保证了家长在董事会中具有法定的优势人数。第三,根据该法五十八条和五十九条的规定,直接拨款学校必须制定管理章程,并在日常管理中依章行事,但这个章程必须根据教育大臣的命令制定,而且在必要时,教育大臣可以下令修改或废止某个直接拨款学校的章程。尽管发布这样的命令需要与学校董事会进行必要的磋商,③但这样的规定显然是为了保证政府对学校管理事务的终极话语权。不过,这个政府已不是原来的地方教育当局,而转换为中央教育部。可以说,直接拨款学校是对地方教育当局传统管理地位的极其严峻的挑战,因为公立学校如果都转为直接拨款学校的话,地方教育当局几乎就名存实亡了。

---

① 瞿葆奎. 教育学文集·英国教育改革[M]. 北京:人民教育出版社,1993:751.

② 同上:752.

③ Education Reform Act 1988[M]. London:Her Majesty's Stationery Office, Reprinted 1989:48-55.

(4) 城市学院

在《1988 年教育改革法》第一部分第五章"城市学院"中,提出要建立两种城市学院:城市技术学院(city technology college)和城市技艺学院(city college for the technology of the arts)。① 城市学院与直接拨款学校有相仿之处,也是一种完全摆脱地方教育当局的管理而由教育部直管的公立中学。但城市学院又与直接拨款学校有许多不同。比如,直接拨款学校由原有的公立学校转制而来,而城市学院则是专门新建的学校;直接拨款学校的董事会因家长董事占多数而增强了家长在学校管理中的话语权,城市学院的董事会则因主办学校或其他支持学校的企业代表占据优势而彰显学校与更广泛的社会组织之间的紧密联系;直接拨款学校的经费全部来自教育部,而城市学院的经费来源构成比较复杂:学校基建、设备添置等发展经费的 4/5 由教育部提供,另 1/5 由主办学校的私营企业补足,学校的日常运转经费仍由教育部承担;直接拨款学校按规定执行国家课程,城市学院则在一般执行国家课程的基础上特别强调科技特色,科技、科学或数学科目往往受到特别强化。当然,从学校与地方政府的关系来说,城市学院的出现使得地方教育当局对公立学校的管理权再次旁落。

3. 政—校关系变革的特点

玛格利特·撒切尔从 1979 年 5 月走马上任到 1990 年 11 月辞职下台,当政 11 年有余,其间的教育管理体制改革力度可谓空前,其中自然包含了英国政—校关系的变动与变革。这一时期政—校关系变革的特点大体可以用四句话来概括:政府和学校双方有得有失,中央政府只得不失,地方政府只失不得,政—校权责非线性转移。

(1) 政府和学校双方有得有失

如果以《1944 年教育法》定下的教育管理体制框架为参照,经过撒切尔政府 11 年的改革,英国政府和学校双方在教育管理权上均可谓有得有失。一方面,政府放掉了学校经费权、生源配置权等传统的权力;另一方面,政府通过编制国家统一课程等措施,使学校失去了课程与教学方面的自主决定权。

(2) 中央政府只得不失

总体上说,英国政府的权力在这场改革中有得有失。但细细分析,无论是直接拨款学校还是城市学院,都是在分解地方教育当局对公立学校的管理权,中央政府并未因此而丢失什么管理权。那些从地方教育当局切割而来的管理权大部分下放给了学校,另有一部分被转移到中央政府或代表中央政府的中介机构手中,此所谓"中央政

---

① Education Reform Act 1988[M]. London: Her Majesty's Stationery Office, Reprinted 1989: 110.

府只得不失"。

（3）地方政府只失不得

由于在撒切尔夫人 11 年的改革中,每每都是拿地方教育当局管理权开刀,却很少赋予地方教育当局新的权力,因此在"中央政府只得不失"的同时,必然是地方政府在教育管理权限上的只失不得。拉斯特(Van D. Rust)和布莱克莫尔(K. Blakemore)在评析英国《1988 年教育改革法》时,用直观的方式描述了英国地方政府在管理权限上只失不得的状况(参见表 2-1)。[1]

表 2-1　英国政—校关系变革中的权力走向

	经　费	课　程	评　估
英　国	中央 ↑ 地方 ↑ 学校	中央 ↑ 地方 学校	中央 ↑ 地方 学校

　　资料来源: Rust, Van D. and Blakemore, K. Educational reform in Norway and in England and Wales: A corporatist interpretation[J]. Comparative Education Review,1990,34(4): 500-522.

（4）政—校权责非线性转移

所谓"政—校权责非线性转移",包括两种表现。第一,政府下放的管理权责并未直接交给传统意义上的校方;从地方政府和学校收归的管理权责也并未直接由中央教育部接收。例如,地方教育当局下放给学校的经费权,并不直接交给由校长和教师构成的传统意义上的校方,而是交给了经过结构调整的,家长和校外人士占大多数的学校董事会。又如,在地方教育当局交出传统的公立学校生源配置权后,这个权力并未下放给学校,而是转移到了拥有择校权并因此在客观上控制了生源流向的广大家长手中。再如,中央政府从地方教育当局手中收回的地方教育督导权以及从学校手中收回的课程教学决定权,并未由教育部直接行使,而是交由一些与教育部并无行政隶属关系的准独立机构直接掌控。这些机构通过向教育大臣提交报告和贯彻教育部指导性文件的方式,代中央政府行使教育管理职能。第二,当某种管理权限在不同主体间转移时,未必附带对等的责任。例如,当学校的课程教学决定权被收归中央后,

---

[1]　在表 2-1 中,拉斯特和布莱克莫尔对课程权转移的描述不十分确切,因为传统上的课程权有一部分为学校所实际掌控,所以课程权实际上是由地方和学校转移到了中央。

学校的校长、教师反而要在课程教学方面承担比以往更多的责任。同时,在课程决定权收归中央的情况下,地方教育当局却被要求承担实施国家统一课程的监管责任。

(二) 约翰·梅杰当政时期的政府—学校关系变革(1990—1997 年)

1. 接任时面临的问题

1990 年 11 月,保守党新领袖约翰·梅杰(John Major)就任首相,从撒切尔夫人手中接过了一大堆教育问题。

第一,由于国家经济总体境况不佳,教育经费投入处于下滑状态,与 70 年代中期教育投入高潮时期相比更是落差明显。

第二,学生家庭贫富两极分化加剧。1979 年时,家庭收入低于国民人均收入 1/2 的学生占学生总数约 10%,到 1993 年,这个数据上升到 33%。而 Ofsted 的数据表明,大量在普通中等教育证书考试上失败的学生来自贫困家庭。这就引发了社会的质疑:给予家长择校的权力为何并未换来教育公平?

第三,国家统一课程的建立既表达了保守党政府改进全国中小学教育质量的决心,同时也流露出政府对教师专业水平的不信任,因此遭到教师们的反感和教师工会的批评。当时的批评主要集中在两点:国家课程是由准政府机构编制的,课程设计过程中没有听取教师的意见;国家课程消解了教师原来的课程开发或课程创新的职能,使教师变成了单纯的课程实施者。由于国家课程实施中对学校和教师问责的压力不断增强,教师们的怨气上升,1993 年甚至还发生教师联合抵制国家课程考试的事件。

第四,学校自主管理经费的美好预期并未在实践中实现。这其中有三个问题。第一个问题是,对于学校董事会的大多数成员来说,经费管理的任务太专业,也太沉重了。因此在很多学校,经费管理事务实际上是交给校长个人来打理的,结果,许多校长就面临从教育家到机构经理的角色适应的新问题。第二个问题是,由于自主管理经费是在开放式入学和家长择校的情况下实行的,学校经费基于生源的数量,结果一些办学绩效平平的学校为了吸引生源,难免在招徕生源方面怪招迭出,学校形象被扭曲。第三个问题是,在教育经费总投入大幅缩减的情况下,英国公立学校的教师人头费已占到学校经费总额的 85%。学校在这样的背景下得到的经费管理自主权不仅自主运筹经费的空间很小,而且要代地方政府承受社会的抱怨,这让校长们感到得不偿失。

第五,学校经费基于生源数量以及公布各校考试成绩排名的政策,使得许多学校不愿意招收成绩差的学生,于是在一些办学声誉不错的学校,家长择校最终演变成了学校择生,从而使许多家长的择校权无从兑现。

第六,受教育经费总投入大幅缩减的影响,中央政府对直接拨款学校的拨款难以保证,直接拨款学校因此难以推广。迄止至 1992 年,在英格兰和威尔士的 117 个地方教育当局中,只有 12 个地方教育当局有申请成为直接拨款学校的学校。同时,城市学院计划的推广也不顺利。撒切尔政府当初提出建立城市学院计划的直接目的是解决城市市区优质学校短缺的问题,因而设想中的城市学院应该得到地处大城市的企业甚至著名企业的大力资助,办学经费应该高于一般公立学校,学校依托企业资源而应在数学、理科和科技方面见长,学校应该拥有更大的生源选择权。撒切尔政府建立城市学院的更长远目的是,希望在传统的公办与私立中学之间找到一条公办民助的中间道路。然而,由于城市学院直属教育部,完全不受地方教育当局管理,因此,城市学院计划从一开始就不可能得到地方教育当局的支持。具体来说,许多地方教育当局虽然掌握一些办学的土地资源,却拒绝为城市学院提供。这样,兴建城市学院就不得不专门购置土地。英国城市市区的土地极为昂贵,结果城市学院只能建在郊外,从而没有实现解决城市市区优质学校短缺问题的初衷。另一个问题是,企业资助办学的热情并不如想象的那样普遍,迄止至 1993 年,总共才开办了 15 所城市学院。

2. 继承基础上的修补

面对如此多的问题,梅杰政府的两任教育大臣约翰·拜登(John Patten)和吉利安·谢福德(Gillian Shepherd)都没有拿出真正有效的政策来加以应对,只是在继承撒切尔政府教育政策的基础上做一些修补而已。就继承而言,主要包括三个方面。

一是继续强化中央教育部的直接管理权。例如,《1991 年学校教师薪酬与条件法》(The 1991 School Teachers' Pay and Conditions Act)决定建立专门的教师薪酬评议机构,但教育大臣拥有最终的裁决权。①

二是继续采取由半独立的中介机构管理教育事务的策略。例如,1994 年建立半官方、半独立的教育督导评估机构 Ofsted,确保所有学校每 4 年接受一次督导,督导标准由 Ofsted 拟定。由于在后来的实践中,Ofsted 对学校的督导报告往往被作为教育部判定学校办学成败的基本依据,因此,Ofsted 及其督导活动对学校教育的影响力非常大,而地方教育当局对地方学校的传统监管和评估作用就相对被淡化了。

三是继续消解地方教育当局传统的管理权。例如,《1992 年继续教育与高等教育法》(The 1992 Further and Higher Education Act)通过成立继续教育拨款委员会、

---

① The 1991 School Teachers' Pay and Conditions Act [EB/OL]. http://www.dcsf.gov.uk.

整合高等教育拨款委员会下属的各种经费项目等一系列新规定,撤除了地方教育当局对本地继续教育和第六学级(sixth form)院校的传统管理权。①

　　就修补而言,主要也有三个方面。

　　一是在继续强调家长择校权的同时,补充了家长应该享有的其他权利。1991年,教育部发布《家长宪章》(A Parent's Charter),明确了家长应该享有教育知情权,必须告知家长国家的教育目标与政策是什么,家长有权了解什么,如何维护自己子女的权利,当遇到相关问题时应该怎么办,等等。同时,《家长宪章》还具体规定了家长有权在哪些方面、通过何种渠道获得学校教育的信息,包括有权从学校得到关于孩子的成长报告,有权阅读 Ofsted 对学校的督导报告,有权了解学校未来前景,有权获得学校董事会的年度办学情况报告等。②《家长宪章》的发布,实际上进一步增强了传统政—校关系之外的第三方的地位和权利。

　　二是在保留城市技术学院部分初衷的基础上,将城市技术学院计划改为更容易实现的特色学校(specialist school)计划。由于撒切尔政府当初对城市技术学院的定位很高,成本很高,因此建设的难度也很高。到 1993 年时,梅杰政府意识到大量兴建城市技术学院已经不太可能,于是改变策略,将高成本的"新建"调整为低成本的"转变",亦即,设想将部分现有的公立学校转变为既有私营企业支持又具有某一科技学科特色的学校。或许为了与原先的城市技术学院加以区别,政府将其称为"技术学院"(technology college)。1994 年,教育部指定 35 所直接拨款学校和津贴志愿学校为首批转制成技术学院的学校。教育部要求这些学校从私营机构筹集 10 万英镑的资金,同时,教育部也投入相应的配套经费用于支持这批学校的特色项目建设,技术学院因此被称做特色学校。从 1995 年起,特色学校计划向所有公立学校开放,在原来科技特色项目的基础上,又增加了语言特色项目。1996 年起,又增加了艺术和体育两个特色项目。

　　三是在继承择校政策的同时,突出强调择校的合法性和择生的合理性。与前任教育大臣相比,拜登的一大特点就是将择校与保护学生个性特长联系起来,强调既然学生的特长各不相同,政府就应该为他们提供选择适合其特长发展的学校。拜登通过宣传这样的观点来强调择校的合法性(legitimacy)。1994 年,拜登甚至提出了非常

①　The 1992 Further and Higher Education Act [EB/OL]. http://www.dcsf.gov.uk.

②　CASE. A Parent's Charter: Campaign for State Education[EB/OL]. http://www. Campaignforstateeducation. org. uk.

偏激的政策主张：政府将鼓励新建文法学校（grammar school），也将允许直接拨款学校可以有更大的择生比例。文法学校是保留了择生机制的精英学校，而直接拨款学校已经拥有择生10％的自主权。从拜登的这一主张可以推测，梅杰政府对择校最终必然走向学校择生的结果是有预见的，甚至可以说，这本来就是他们愿望的一部分。不过，拜登未及实践这一主张就离开了教育大臣的职位。他的后任谢福德虽然没有真正实施拜登的政策主张，但他继承了拜登有关择校合法的观点，进一步强调保护学生特长以及发展学校特色的重要性。同时，提高学校择生的比例仍然是梅杰政府一直想推进的事情。在1997年大选时，保守党竞选团队提出的当选承诺之一，就是允许直接拨款学校的择生比例提高到50％，城市技术学院的择生比例提高到30％，其他地方教育当局管辖的公立学校的择生比例提高到20％。梅杰甚至表示，他希望看到每个小镇都有一所文法学校的景象。这就暗示了梅杰对择生的支持态度，因为文法学校历来是对生源进行选择的。1997年，保守党在大选中失败，梅杰政府于同年5月下台，保守党关于大幅提高学校择生比例的承诺也就无从兑现了。

3. 政—校关系变革的特点

梅杰政府虽然仅当政6年半，但其在教育改革上不能说乏善可陈，尤其是对撒切尔政府教育政策的修补颇具特点，并且对后来的政—校关系变革产生了一定的影响。

（1）强调家长与政府、学校具有同等重要的地位

《家长宪章》的发布弥补了贫困家庭因信息不对称而不能正确行使家长择校权的缺陷，明确了传统政—校关系之外的第三方对教育的知情权，突出了家庭关注和参与儿童教育的重要性，强调在儿童教育的问题上，家长与政府、学校本该具有同等重要的地位，并且提醒人们，家庭是多么需要来自政府和教育界的专门帮助。《家长宪章》所蕴含的理念也影响了后来的新工党政府。从某种程度上说，布朗2007年当政后将教育部定名为"儿童、学校与家庭部"，内设儿童与家庭司以及在该司下面专设家庭处等举措，都在一定程度上反映了布朗对《家长宪章》理念的认同。

（2）证明变革可以找到可行而低成本的方式

梅杰政府对撒切尔政府教育政策的第二项修补是，以灵活的方式将城市技术学院计划转变为更有可行性的特色学校计划。与城市技术学院一样，特色学校同样突出了家长的选择权，吸引更多的校外机构介入学校管理，同时也给不同资质、不同兴趣特长的学生带来更宽广的发展舞台。由于建设特色学校的成本大大低于开办城市技术学院，因此推行特色学校计划比推行城市技术学院计划容易得多。特色学校计划证明，政—校关系变革完全可以找到可行而低成本的方式。也因为此，特色学校计

划得到了后来新工党政府的认同并得以继续推广。

（3）家长择校和学校择生可以并行不悖

梅杰政府对撒切尔政府教育政策的第三项修补是,通过为择校的合法性和择生的合理性辩护,既为特色学校计划之类的改革提供理由,也为强化家长择校和提高学校择生自由度提供理由,并由此进一步弱化地方教育当局的管理职能。尽管梅杰政府大幅提升各类学校择生比例的设想并未付诸实践,但是其有关择生合理性的观点还是在很大程度上为后来的新工党政府所吸收,并开启了家长择校和学校择生可以并行不悖的改革思路。

（三）托尼·布莱尔当政时期的政府—学校关系变革（1997—2007 年）

1. 新工党教育政策框架的确立

1997 年,工党在大选中获胜,时隔 18 年后重新回到执政党的地位,工党领袖托尼·布莱尔(Tony Blair)出任首相。由于前保守党政府教育政策的许多内容与工党传统的教育信念相悖,因此,教育界内外的许多人士都在观望或猜测,布莱尔政府将怎样对待保守党编制了 18 年的教育政策框架。

1997 年,布莱尔政府上台后不久,教育部即于当年发布了 1997 年教育白皮书,其关涉的内容主要有十三个方面: [1]

（1）鼓励中学向特色学校转变,允许特色学校有小幅的择生比例;

（2）缩小初等教育低学段(5～7 岁儿童)的班级规模;

（3）强化小学的英语和数学学习,每天至少有 1 小时用于这两门课的教学;

（4）建立学校质量提升目标,既要显示学校的绝对绩效水平,也要显示学校的相对进步情况;

（5）提高少数族裔学生的学习成就,促进不同种族学生和谐发展;

（6）提高学生学业成就的计划要包含满足特殊教育需要的内容;

（7）在应对行为规范问题学生方面,给予学校更有力的支持;

（8）建议中学在数学、科学、语言三科运用分层教学,但须向家长说明分层的规则;

（9）更广泛地推行家庭教育计划,使得家长和儿童能够在一起共同学习;

（10）编制国家标准,指引家庭作业和校外家庭作业中心的建设;

（11）建立教育行动区;

（12）对教师进行文字素养、数字素养和信息技术素养的培训;

---

[1]　DfEE. Excellence in schools [EB/OL]. http://www.dcsf.gov.uk.

（13）制订国家培训计划，对校长进行培训。

从上述十三个方面来看，1997 年教育白皮书的核心虽然是关注教育质量改进问题，但其中至少有鼓励特色学校、建立教育行动区两个方面的政策与政—校关系的变革密切关联。

（1）特色学校计划导致的政—校关系变革

白皮书明确表态，将延续梅杰政府的特色学校计划。按照规定，申请进入特色学校计划的学校，必须有明确而合理的质量目标，要制订学校发展规划，还必须从私营合作伙伴处筹集 5 万英镑的资助，学校被批准进入特色学校计划，即可获得政府 10 万英镑的配套资金。与梅杰政府特色学校计划略有不同的是，布莱尔政府特别强调，特色学校计划对生源的选择必须基于学生的特长，而不是基于统考的成绩。白皮书还表示，到 2000 年，要建成 500 所特色学校，到 2001 年，特色学校数要达到 650 所。在 1997 年后，特色学校计划发展很快，到 2008 年，已经有 90%的公立中学转成了特色学校，特色项目所涉学习领域已在原来的科学、技术、人文、语言、体育、音乐、艺术的基础上，扩展到工程、数学与计算机、工商与创业等领域。特色学校数量的大幅增长，使得家长在选择适合自己孩子特点的学校时有了更大的选择余地；使得更多的公立学校获得了一定比例的择生权；也使得更多私营机构介入学校的管理活动。

特色学校计划带来的政—校关系变革主要体现为三点：一是随着学校和家长在择生、择校权上各得其所，地方教育当局在招生入学方面的控制权被削弱；二是私营机构借助特色学校这个载体介入了学校的管理活动，使得政府在与学校互动时，学校一方多了一股非传统体制内的不太容易控制的力量；三是特色学校计划成为教育部与基层学校直接建立联系的桥梁，增强了中央政府对基层学校的直接影响力。以上三点变革，基本上都是以弱化地方教育当局管理的影响力为代价的。

（2）教育行动区计划导致的政—校关系变革

所谓教育行动区（education action zones），是政府在一些学校教育质量状况堪忧地区建立的项目制学校联合体，一般由 15～25 所学校组成。建立教育行动区的基本目的有三：①

① 提升学校的办学标准和教育质量；

② 建立一种工商企业、家长、学校、学校所在社区以及地方教育当局共同参与的新型伙伴联盟；

① DCSF. What are EAZs? [EB/OL]. http://www.dcsf.gov.uk.

③ 在体制上探索和形成一些可资借鉴的创新经验。

每个教育行动区每年大约可以获得 100 万英镑的额外资金,主要用于办学标准和教育质量的提高。在这 100 万英镑的资金中,教育部承担一部分(最多不超过 75 万英镑),其余由教育行动区自筹,实际上主要依靠行动区内私营企业伙伴的捐资。教育行动区的经营与协调由各方代表组成的行动论坛(action forum)负责,日常工作实际由行动区的项目主任管理。教育行动区的有效期一般为 3 年,最长 5 年,到期还可续约。

从实际效果来看,教育行动区计划并不太成功。该计划于 1998 年正式启动后,在短短几年内就建成了 73 个教育行动区,然而许多行动区的私营合作伙伴开始所承诺的资金没有兑现,而大部分行动区的教育质量改进目标也没有实现。① 尽管如此,目前英国仍有 47 个教育行动区在运作中,它所带来的政—校关系变化也是客观存在的。简单来说,教育行动区计划所导致的政—校关系变革结果与特色学校计划的结果基本一致。

除了特色学校计划和教育行动区计划之外,在 1997 年教育白皮书中,推行家庭教育计划和减小班级规模两项内容与政—校关系变革间接相关。推行家庭教育计划和减小班级规模的直接指向都是提高教育教学质量。由于教育部把这两项工作交由地方教育当局负责实施,而且专项经费也划拨给地方教育当局,这使 1988 年以来管理地位和管理职能连续下挫的地方教育当局获得了一个难得的"小幅反弹"机会。

严格来讲,英国教育部的白皮书还只是政策建议,尚不具备充分的法律效力,但按照英国的惯例,白皮书的政策建议一般都是为稍后的教育立法所确认的。1997 年教育白皮书的情况并不例外,其政策建议基本为《1998 年学校标准与架构法》所采纳。此外,《1998 年学校标准与架构法》还对学校择生问题做了专门的政策规定,这些沿用至今的规定如下。②

(1) 除了第六学级或分层教学安排之外,不得新增加按能力选择学生的安排。

(2) 允许文法学校继续实施择生入学的安排,没有经过家长表决或学校董事会提议的程序,这种安排不变。

(3) 允许 1997—1998 学年获得部分择生权的学校继续保留这种权力,但择生的

---

① Woodward, W. School action zones to be phased out [N]. The Guardian, Thursday, 15 November, 2001; Curtis, P. Action zones 'limited' effect on school results[N]. The Guardian, Monday, 7 April, 2003.

② School Standards and Framework Act 1998 [EB/OL]. http://www.dcsf.gov.uk.

方法和择生的比例不得改变。允许这些学校继续保留部分择生权,只是因为其业已存在。对于这种现存的部分择生规定,家长可予以反对。

(4) 允许特色学校根据学校的一个或若干个特色科目和学生的特长进行对应择生,择生的比例最多不能超过 10%。这些特色科目包括：体育与运动、表演艺术、视觉艺术、现代外语、设计与技术、信息技术。

(5) 组建独立的择生入学规定裁决委员会,可以对现有的入学规定提出修改、予以终止或提议新的规定。

从 1997 年教育白皮书到《1998 年学校标准与架构法》,布莱尔政府的教育政策框架初步建立,其政—校关系的立场也已基本清晰。总体上看,布莱尔政府继承了保守党执政 18 年以来的基本教育政策。在政—校关系变革方面,基本沿着撒切尔夫人和梅杰的路线继续推进：在传统的中央、地方、学校三极教育管理架构中,强化两头而削弱中间。而在强化基层学校管理自主权方面,布莱尔政府也同保守党一样强调家长话语权的增强和私营管理力量的导入。英国保守党与工党在意识形态方面原本有很大的不同,然而布莱尔政府的这些作为在很大程度上远离了工党长久以来坚持的教育理念和政策传统,甚至跟工党大选时的承诺也背道而驰,英国人因此将布莱尔的工党政府称为"新工党"(New Labour)政府。

2. 新工党政策下的政—校关系

从 1997 年教育白皮书到《1998 年学校标准与架构法》,新工党的教育改革方向基本没有根本变化,那就是通过建设国家监控体系以及借助市场力量来促进教育质量的提高。在这一基本改革方向下,教育管理体制继续侧重于强化中央权威、扩大学校自主管理权、家长权责的并重与扩展、多样化办学及私营机构介入学校管理等几个方面。

(1) 强化中央政府的管理权威

强化教育部的管理权威,不仅反映在新工党执政期间的教育法规和政策文件中,而且逐渐体现在教育部的实质性管理举措之中。例如在 2000 年 5 月,教育部根据 Ofsted 的督导报告,就布拉德福德、洛克戴尔、沃汉·福瑞斯特三个地方的学校教育存在的严重问题,向这三个地方教育当局发出了整改意见。同年 6 月,教育部根据 Ofsted 的督导报告,直接宣布利兹地方教育当局因对当地教育事业管理不善而由私营机构来接管。2001 年,英国教育部发表的教育白皮书提出,要通过立法手段进一步简化和强化教育大臣对地方教育的干预权力,进一步完善处置失败的或绩效低下的地方教育当局的权力。2001 年白皮书的这些立法建议在《2002 年教育法》(Education Act 2002)中得到了体现。例如该法规定,教育大臣拥有确保地方教育当局恰当履行职能的权力;在教育大臣认为必要时,可以指派人员,以签订协议或其他方式代替地方教育当局履行有关职能,地方教育当局要予以支持。①

(2)扩大学校自主管理权

就继续扩大学校自主管理权而言,2001年白皮书有专门的立法建议。该白皮书指出:"我们希望利用这个机会推进更广泛的教育法规修改,在制度上实施松绑,提高学校创新和回应创新的能力。从长远来看,制度上的松绑将有利于所有学校达到更高的办学标准。"②该白皮书建议,通过新的立法,"让学校在建立适合本校实际的管理方式上有更多的自由",要放松有关政策管制,"以便能让学校之间更方便合作工作,比如,能分享优秀的学科教师团队"。③ 按照该白皮书的主张,政府放权的程度并不实行"一刀切",而是根据学校的办学绩效来决定。政府将给予办学成功的学校更多的自主管理权,包括允许办学成功的学校超越国家课程,进行适合本校的课程创新。2001年白皮书的上述主张,基本上均为翌年出台的《2002年教育法》所吸收。值得一提的是,在依然强调学校董事会在校内的领导地位的同时,英国政府也开始注意发挥校长的个人领导作用。例如,2001年白皮书在立法建议部分就特别提到,"放权松绑(的政策)将允许更多的学校人事决定权从董事会转到校长手中……我们将确保校长有权在学校董事会设定的经费预算框架内,就酬劳目的对教师的绩效加以评估"。④

(3)家长权责的并重与扩展

家长的权利保障问题从一开始就是布莱尔政府关注的问题之一。例如,《1998年学校标准与架构法》第八十六条,对如何保障家长择校权力就有详细的规定。⑤ 又如,《2002年教育法》第三十三条规定,公立学校每年必须以家长会的形式,使家长有机会讨论学校的管理问题。⑥ 到布莱尔执政后期,家长权利保障的政策已发展为家长权责并重的政策。2005年,英国教育部先后于2月和10月发表两份教育白皮书:《14～19岁青少年的教育与技能》(14～19 Education and Skills)和《面向全体学生的更高的标准和更好的学校:给予家长和学生更多的选择》。后者主要聚焦于学校教

---

① Education Act 2002[M]. London:The Stationery Office Limited,2001:41-42.
② DfES. Schools-achieving success[M]. London:The Stationery Office Limited,2001:71.
③ 同上:72.
④ 同上:74.
⑤ School Standards and Framework Act 1998 [EB/OL]. http://www.dcsf.gov.uk.
⑥ Education Act 2002[M]. London:The Stationery Office Limited,2001:20.

育体制改革,其中包括家长权责扩展的内容。布莱尔首相破例为白皮书《面向全体学生的更高的标准和更好的学校:给予家长和学生更多的选择》撰写前言,强调家长在促进学校质量改进中的重要性。该白皮书共有九章内容,其中"一个由家长塑造的学校系统"、"家长驱动学校改进"、"支持儿童和家长"三章直接与家长的权责扩展有关。具体包括:家长有权决定是否建立新的学校、变更公立学校为私营机构的信托学校、关闭失败学校;确保董事会中至少有三分之一的成员为家长代表,同时,在信托学校中建立在学校日常经营以及学校膳食、校服和纪律方面均拥有话语权的家长委员会(parents' council);学校如果没有能够让家长履行法定的权责,家长可以向 Ofsted 投诉,同时,Ofsted 的督导中也要增加相应的项目和内容;在 1999 年就开始实行的家一校合同中,增加家长应当承担的责任内容,不能履行合同的家长将受到处罚。①

(4)多样化办学及私营机构介入学校管理

2005 年的白皮书《面向全体学生的更高的标准和更好的学校:给予家长和学生更多的选择》竭力主张多样化办学,包括进一步推进成功学校扩校或与周边学校结成联合体的示范学校(beacon school)计划,进一步扩大特色学校的数量,进一步扩展学园计划,允许所有中小学成为信托学校。到 2007 年,已经有 86%以上的中学成为特色学校,学校所在的社区以及一些私营工商企业为帮助发展学校特色而与学校结成伙伴关系。学园是专门在历史上教育质量低下的区域(如大都市的旧城区或农村地区)新建的学校,旨在创新办学模式,培育优质学校,优化区域教育质量。学园的建立使用政府资金,但由享有独立经营权的基金会、私营机构或其他团体来运作。信托学校(trust school)实际上是一种拥有自主权的公立的独立学校,由企业、慈善基金会、宗教团体、大学、社区组织或其他私人来经营,学校可以自主决定课程,自主任命学校董事会,拥有自己的校产,自主聘用员工等。与学园相比,信托学校主要与外部机构建立长期合作关系,将校外有经验的管理力量引入学校。②

3.政一校关系变革的特点

在布莱尔当政的 10 年中,英国政一校关系的变革有以下几个特点。

(1)政一校关系变革是手段,不是目的

20 世纪 80 年代撒切尔夫人当政时期的政一校关系变革,是缩减公共开支的对

---

① DfES. Higher standards, better schools for all: More choice for parents and pupils [M]. London: The Stationery Office Limited,2005: 23 - 82.

② DfES. The children's plan: Building brighter futures [M]. London: The Stationery Office Limited, 2007: 95.

策,更是撒切尔夫人个人新自由主义治国理念的实践。撒切尔夫人推出的"中央政府只得不失,地方政府只失不得"的改革,旨在绘制一种理想中的政—校关系图景:在中央政府的规则框架内,只有相互竞争的服务机构(学校)、拥有选择机会的用户(家长)以及市场监督人(Ofsted)三个主角,而淡化其他角色的存在。布莱尔新工党政府虽然在许多方面继承了撒切尔夫人和梅杰保守党政府的改革政策,但建构某种不同以往的教育管理体制或政—校关系并非布莱尔追求的目的。正如当年《卫报》那句精辟的评论所言:布莱尔追求的"是标准,而不是结构"(standards not structures)。①这就是说,提高教育质量标准才是布莱尔追求的目的,而体制结构方面的改变只不过是实现目的的手段而已。

(2)实际效果甚于意识形态

既然改革的目的"是标准,而不是结构",布莱尔的教育政策自然十分看重实际效果,而不甚关注其背后的意识形态问题。传统上,英国保守党和工党一直具有各不相同的意识形态,反映在教育上,保守党历来是《1944 年教育法》所安排的教育"三合制"(tripartite system)的竭力倡导者,主张所有儿童(不论其家庭背景如何)都应接受与其需要和能力相适应的学校教育,通过考试的甄别,让学术能力突出的儿童进入文法中学(grammar school),工程技术潜质突出的学生进入技术中学(secondary technical school),学术和技术均不突出的学生进入现代中学(secondary modern school),这是公平的安排。工党则反对这种"三合制",认为考试所检测的能力很大程度上受家庭背景因素的影响,并且 80%的儿童被排斥于文法中学和技术中学之外的现实已经说明了"三合制"的不公平性。20 世纪 60—70 年代工党执政期间大力推广综合中学,正是两党意识形态分歧在教育政策上的反映。然而布莱尔执政后,基本不论政策背后的意识形态问题,只要哪项政策有利于教育质量的提高,就采用哪项政策,因而布莱尔时期的政—校关系变革内容和倾向在客观上几乎与保守党是一致的。也正因为此,才有"新工党"一说。

(3)不是取消角色,而是重在角色的转变

在撒切尔夫人的政—校关系框架中,地方教育当局几乎是一个终将被消解的管理层级,因为在中央教育部制定规则、教育服务市场化和 Ofsted 全面督察教育市场运作的情况下,地方教育管理机构几乎是多余的角色。布莱尔政府的教育政策虽然在客观上延续了保守党强化中央权威、保障学校自主和扩大家长权益的政—校关系

---

① Chitty, C. Selection fever [EB/OL]. http://www.guardian.co.uk.

走向,但从布莱尔政府的后期政策来看,还是赋予了地方教育当局不少新的职能,只不过这些职能侧重于间接调控而不是直接管理。所以,在布莱尔新工党的政—校关系安排中,不是要取消地方教育当局这一地方管理者角色,而是重在转变地方教育当局的角色。

(四)戈登·布朗当政时期的政府——学校关系变革(2007—2010年)

2007年布莱尔下台,工党新领袖戈登·布朗(Gordon Brown)接任工党政府首相,随即组建了自己的新内阁,并对教育部进行改组和更名。2007年12月,也即布朗政府的教育大臣埃德·鲍尔斯(Ed Balls)上任刚刚6个月,改组和更名后的新教育部即发表《儿童计划:构筑更为光明的未来》(The children's plan:Building brighter futures),提出了2020年英国儿童发展状况的10项目标以及实现目标的保障措施,此可谓布朗政府的第一次教育政策亮相。① 从2007的《儿童计划》以及之后的《2008年教育和技能法》(Education and Skills Act 2008)、2009年教育白皮书和教育部2009年年度报告书来看,布朗政府的教育政策基调基本没有离开布莱尔政府的变革轨道,继续强化对课程与评价的统管,继续推行学校自主管理、家长权责并重、多样化办学等政策,继续按既定计划推动特色学校、学园以及信托学校数量的增加,在英国教育部2009年的年度报告中,明确将包括私营机构在内的"第三部门"(the third sector)作为教育管理体制中的一个主体来看待。② 不过,布朗政府对布莱尔的政—校关系安排做了部分调整。例如,与布莱尔大力倡导校外私营机构介入学校管理不同,布朗政府更主张依靠学校内部的力量来改善办学质量,也就是主张通过优质学校及其优秀校长与另一所学校结对或与若干所学校结盟的方式,解决低绩效学校的质量提升问题。教育大臣鲍尔斯甚至在2009年教育白皮书的前言中说:"我们将更好地利用最佳校长的资源,使他们能够经营1所以上的学校,得到更丰厚的报酬,并且也可以开发更多的联盟学校。"③就布朗政府的这一政策转向,《卫报》发表题为《工党抛弃布莱尔的学校改革旗舰项目》的署名文章,认为2009年教育白皮书以及鲍尔斯的表态意味着布朗政府对布莱尔最为得意的私营机构介入学校管理改革政策的抛弃,意味着布莱尔时代对课程教学等学校专业实务过于中央集权化政策的终结,也意味着政

---

① 参见:DfES. The children's plan:Building brighter futures [M]. London:The Stationery Office Limited,2007.

② DfES. Departmental Annual Report 2009 [M]. London:The Stationery Office Limited,2009:143.

③ DCSF. Your child, your schools, our future:Building a 21st century schools system [M]. London:The Stationery Office Limited,2009:3.

府将赋予专业人士代表——校长更大的权力,将更多地寄希望于新一代非营利性的连锁学校(new generation of not-for-profit chains of schools)来接管失败学校。该文指出,政府为建立学校与外部私营机构的伙伴合作关系,每年要支出10亿英镑,现在,政府的这笔资金可以用来建设学校联盟,也可以直接派给学校,由学校自己决定聘用哪些专家来改善学校办学质量。该文甚至称布朗政府的这一政策调整带来了一个"地方主义的新时代"(a new era of localism)。①

出于执政理念、经济开支、改革实效等多方面原因,布朗政府在执政两年后,开始对布莱尔新工党的教育政策作出部分修正,这一修正确实会带来政—校关系的联动,包括高绩效学校自主程度的进一步提高,也包括以非营利的优质学校连锁、结盟来替代营利性机构大量介入学校管理。这一变动又必然带动政府管理学校方式的相应变化。但布朗政府只是进行了小幅度的谨慎变革,因为毕竟布莱尔执政10年,在改进学校教育质量方面也取得了一定的成绩,过大的改变既没有充分的理由,也难以预料结果,因而布莱尔留下的政—校关系架构并没有在布朗执政期间被推倒。更何况,布朗仅执政3年,就于2010年5月11日宣布辞职,工党也在大选中失败,丢掉了持续13年的执政党地位。

(五)卡梅伦—克莱格联合政府的政府—学校关系变革趋向(2010年至今)

2010年5月,保守党和自由民主党组成联合政府,保守党领袖戴维·卡梅伦(David Cameron)出任首相,自由民主党领袖尼克·克莱格(Nick Clegg)任副首相。尽管卡梅伦-克莱格联合政府刚执政不久,其教育政策的全貌尚未呈现,但一些政策倾向已经有所表露。

1. 联合政府的政策倾向

由于英国保守党和自由民主党在意识形态及教育主张上存在不少分歧,因此,卡梅伦—克莱格联合政府的教育政策倾向并不代表其中任何一党的纯粹立场,而是两党执政思想的折中与调和。根据英国学者对联合政府2010年政策主张的归纳,与政—校关系变革有关的政策倾向大致包括三个方面。②

第一,简化教育标准的有关规定,重点对失败的学校和失败的学习领域进行更经

---

① Curtis, P. Labour to junk Tony Blair's flagship school reform[N]. London: The Guardian,2009-06-25.

② Gillard,D. Hobson's choice: Education policies in the 2010 general election[EB/OL]. http://www.education. org. uk/2010 - 07 - 30.

常的督导监管;对未来如何实施主要阶段 2 考试进行评议,主要阶段 2 考试将更加严格,考试结果要更有利于评估教师的工作绩效;改革学习成绩排名表,以便学校能够着眼于儿童全面能力的改进。

第二,给予家长和学生更大的择校权,允许和帮助家长、教师、慈善团体、地方社区作为新的教育提供者进入公立教育系统办学,同时,与有教会背景的团体合作,创建更多有教会背景的学校,通过举办大量新学校来改进教育系统;所有新建学园建立全纳入学政策,在所有可能的范围内推进全纳入学政策;公布所有教育提供者以往的办学绩效数据。

第三,改革现有的国家支付教师薪酬的制度,给予学校支付优秀教师更多薪酬和处置低绩效教师的自由;寻求以其他方式提高教师队伍素质,寻求吸引更多一流的数学和理科毕业生进入教师队伍。

2. 政—校关系变革的趋向

2010 年 5 月 12 日,戴维·卡梅伦就任首相并发表演说。作为礼节性的未及深思的就职演说,虽不免简短而空泛,但卡梅伦还是在其中流露了他的一条执政理念:"真正的变革不是仅靠政府之力就能完成的。"①如果卡梅伦坚守这一理念,如果卡梅伦联合政府的阁僚们赞同这一理念,如果教育大臣迈克尔·戈弗(Michael Gove)坚定地贯彻这一理念,那么,在政—校关系中继续引入非传统主体和保留部分市场机制就不可避免。事实上,这一趋向已在联合政府鼓励慈善团体或其他社会组织举办新学校的政策中显示出来,也就是说,政府鼓励大量社会力量进入公立学校系统举办新型学校,希望借此来提高公立教育质量。同时,卡梅伦联合政府有靠拢奥巴马教育主张的倾向。这种倾向反映在三个方面:一是鼓励特许经营者兴办类似美国特许学校的"自由学校"(free school),让学校在承担更多绩效责任的同时,享有相当大的自主管理空间,甚至可以自主设置"宽广而平衡的课程"而不受国家课程的约束;②二是仿效奥巴马政府修法计划所提出的"完整的教育",不再仅聚焦于考试成绩,而主张关注儿童全面能力的提高;三是像奥巴马政府那样,将绩效问责的重点由机构转向人,强调给予不同绩效的教师明显不同的待遇。

---

① 昙华. 英保守党领袖卡梅伦就任首相发表演说[EB/OL]. http://www.sina.com.cn/2010-05-12.

② Angela, H. Free schools could be set up in shops and houses[N/OL]. http://www.news.bbc.co.uk/2010-07-18.

三、政府—学校关系现状描述

如果从撒切尔夫人上台执政算起,英国经历了 31 年的政—校关系变革。31 年后的今天,英国的政—校关系现状究竟如何? 借助经济合作与发展组织(OECD)和欧盟委员会(European Commission)的两份权威统计报告的有关描述,我们能够比较直观地了解目前英国政—校关系的概貌。

(一) 来自 OECD 的量化描述(2008 年)

2008 年,OECD 公布了各成员国初中阶段公立学校事务自主决策状况的调研统计资料。该资料提供了 OECD 各成员国教学组织管理(招生事务、学习生涯管理、教学时数、教科书选择、学生分组、对学生的额外帮助、教学法、学生的日常考核)、人事管理(聘用或解聘教学或非教学人员、教职员的工作职责与工作状况、员工工资分档、对员工生涯的影响)、规划与结构管理(学校的开办或关闭、学校所设年级的增减、学习计划的设计、特定学校教学内容的选择、特定学校教学科目的选择、课程内容的确定、证书或文凭资格考试的设定和认证)、资源管理(教师或非教学人员所需资源的配置与使用、校产管理、学校运转开支)四个方面的决策权在中央、地方和学校三个层面的配比状况(见表 2 - 2),同时也提供了公立学校事务综合决策权在中央、地方和学校三个层面的一般配比状况(见表 2 - 3)。

表 2 - 2　英国公立学校管理事务决策权配比状况[①]

管 理 项 目	中央(%)	地方(%)	学校(%)	合计(%)
教学组织决策权	0	0	100	100
人事管理决策权	17	0	83	100
规划与结构决策权	0	20	80	100
资源决策权	0	0	100	100

资料来源: OECD. Education at a glance 2008[R]. Paris: OECD Publications,2008: 489 - 490.

---

① 此处仅指英格兰的情况。

表 2 - 3　英国公立学校事务综合决策权配比状况

	中央(%)	地方(%)	学校(%)	合计(%)
综合决策权	4	5	91	100

资料来源：OECD. Education at a glance 2008[R]. Paris：OECD Publications,2008：488.

（二）来自欧盟委员会的分类描述(2009 年)

根据欧盟委员会 2009 年 6 月发表的《2009 年欧洲教育主要数据》,英国 ISCED1～2 学段(相当于小学和初中阶段)公立学校的自主管理现状如表 2 - 4、表 2 - 5 和表2 - 6 所示。按照《2009 年欧洲教育主要数据》的有关说明,表中所谓的"完全自主管理"是指在既定法规框架内,学校可以完全独立地进行决策。"有限自主管理"包括四种情况：(1) 学校和政府共同决策,或学校决策前需要提出建议并经政府批准；(2) 政府事先规定几种选择,学校可以决定选择其中的一种；(3) 学校可以作决定,但必须向政府备案；(4) 学校原则上有自主决定权,但政府的建议仍有举足轻重的作用。"无自主管理"是指只有政府才能决定有关事务。

表 2 - 4　英国公立学校人力资源自主管理状况①

管 理 项 目	完全自主管理	有限自主管理	无自主管理
校长的遴选	√		
校长的职责规定	√		
教师的招聘	√		
代课教师的聘用	√		
教师的解雇	√		
教师的职责规定	√		
教师超时报酬的发放	√		
教师超职责范围工作报酬的发放	√		

资料来源：European Commission. Key data on education in Europe 2009[R]. Brussels：Eurydice, 2009：79.

————————————

① 按惯例,欧盟委员会对英国的教育数据,按英格兰及威尔士、苏格兰、北爱尔兰分别统计,表 2 - 4、表 2 - 5和表 2 - 6 所描述的仅是英格兰及威尔士的情况。

表 2-5　英国公立学校财金资源自主管理状况

管 理 项 目	完全自主管理	有限自主管理	无自主管理
公共资金的使用			
固定资产收支	√		
日常运转开支	√		
电脑设备的添置	√		
筹资及私源经费的使用			
经费筹集	√		
课余时间的校舍出租	√		
借贷		√	
私源经费的稳定获取	√		
私源经费的不稳定获取	√		
用私源经费聘用教学人员	√		
用私源经费聘用非教学人员	√		

资料来源：European Commission. Key data on education in Europe 2009[R]. Brussels：Eurydice，2009：79.

表 2-6　英国公立学教学内容与教学过程的自主管理状况

管 理 项 目	完全自主管理	有限自主管理	无自主管理
课程的指定教授内容			√
课程的选授内容	√		
教学方法的选择	√		
教科书的选择	√		
必修课的学生分层依据	√		
校内考试标准的制定		√	
学生留级与否的决定	√		
资格证书考试内容的设定			√

资料来源：European Commission. Key data on education in Europe 2009[R]. Brussels：Eurydice，2009：80.

第三章 德国政府——学校关系变革

第一节 德国教育行政体制的基本架构

第二次世界大战结束后,德国被美、英、法、苏分区占领,随后又逐渐演变为社会制度完全不同的两个国家:德意志民主共和国和德意志联邦共和国。1949 年,联邦德国制定了《基本法》(Grundgesetz),将文化和教育方面的立法权赋予各州,因而形成了联邦分权化的教育行政管理体制。不过,联邦政府对各州的教育也并非完全没有影响。教育与文化部长常设联席会(Kultusministerkonferenz)以及联邦—州教育规划与研究促进委员会(Bund-Länder-Kommission für Bildungsplanung und Forschungsförderung)等组织,就一直在这个体制中扮演着传递国家教育理念和协调各州管理政策的角色。1990 年两德统一后,全国被划分为 16 个州,教育行政管理基本承袭了原德意志联邦共和国的体制。

一、联邦层面的教育管理

(一)联邦教育行政机关的职能与架构

由于德国 1949 年的《基本法》把教育立法和管理权基本保留给了各州,因此,联邦政府的教育管辖权基本只限于"教育及训练补助规则之制定及科学研究之促进"和"高等教育管理的一般原则"两个方面。后经 1969 年的修法,以及社会民主党在 20世纪 60—70 年代执政期间的大力推动,不仅在 1969 年设立了联邦教育行政机关——联邦教育与科学部,而且联邦政府的教育管辖权有所扩充。[1] 2006 年经过反映联邦主义倾向的修法后,联邦政府的管理职能又得以扩展。目前,德国联邦教育行政机关的名称为联邦教育与研究部(Bundesministerium für Bildung und Forschung,BMBF),主要在下列各个领域行使管理和协调职能: [2]

---

① 台湾比较教育学会. 教育行政比较研究[M]. 台北:台湾书店,1985:150 - 154.

② Lohmar,B. and Eckhardt,T. The education system in the Federal Republic of Germany 2006:A description of the responsibilities, structures and developments in education policy for the exchange of information in Europe [M]. Bonn:Secretariat of Kultusministerkonferenz,2008:33.

（1）企业在岗职业培训和继续职业教育；

（2）高校入学和高等教育学位授予；

（3）学生资助；

（4）科学与学术研究以及技术开发的促进；

（5）青年人的福利；

（6）函授课程参与者的法律保障；

（7）司法行业入职规定；

（8）医学及护理行业入职规定；

（9）就业标准推进以及劳动力市场研究。

在上述职能之外，联邦教育部还在其他一些方面负有推进与各州合作的职能，主要包括：

（1）科研机构建设以及高校以外的研究项目合作；

（2）高校科研项目的合作；

（3）高校研究机构的建筑及重大设备建设；

（4）教育的国际比较研究，以及相关报告、建议书的起草，等等。

联邦教育与研究部的领导团队由 1 名联邦部长、2 名议会国务秘书和 2 名国务秘书组成。联邦部长（Federal Minister）是统领教育部的最高首长；议会国务秘书（Parliamentary State Secreterary）近似于副部长的职位，辅佐部长进行决策，并在需要时回答议会的有关质询；2 位国务秘书（State Secretary）分别主管教育部各职能司的具体工作。联邦教育与研究部下设 8 个职能司。

1. 中央服务司（Z 司）

该司负责人力资源、基础设施设备、经费预算等方面的管理，下设两个局，分别管理人力资源、组织及基础设施，以及预算、控制及资助程序。

2. 战略与政策司（第一司）

该司负责处理教育部的政治和战略取向、科学体制所面临的社会环境的变迁、促进教育与研究的机会公平、协调研究界与工业界的互动、联邦与各州的相关合作、国际数据统计以及促进英才成长与发展等一系列问题。

3. 欧洲、国际教育及研究合作司（第二司）

该司负责发展教育和研究方面的国际合作，包括与联合国、经济合作与发展组织、欧盟、八国集团以及其他伙伴国家在教育和研究领域的双边或多边合作事务。

4. 职业培训与终身学习司(第三司)

该司下设职业培训和终身学习两个局。职业培训局负责管理培训和培训地点的政策问题,包括培训法、职业培训促进法、培训辅助更新法的贯彻,也包括应对新兴培训行业的开发、已有培训行业的现代化问题,以及规范职后培训的要求,并起草在职培训的年度报告等。终身学习局负责处理继续教育、终身学习和教育研究事务,其中关于文化教育、教育中新兴媒介的应用、全日制学校的建设、国际教育基准研究、联邦与州联合教育报告的发布等问题是该局关注的重点。

5. 科学系统司(第四司)

该司负责处理科学系统的发展以及科学系统内高等院校、研究机构、学术机构和科学基础设施方面的问题,下设分管高等院校和其他研究机构的两个局。前者负责高等院校研究经费资助、卓越计划、年轻科学家的成长、国际交流等事务;后者负责大型研究机构、研究基金和学术项目管理以及科学咨询等事务。

6. 骨干科技与创新研究司(第五司)

该司负责管理骨干科技与创新研究事务,下设两个局,分别管理骨干科技产品研究、信息沟通技术以及新兴服务。前者负责新型材料、光学技术、微系统、高校的应用科学研究以及青年工程师培养等事务;后者负责骨干技术的战略和政策问题、安保技术研究、电子系统、软件系统、数字技术、通信技术研究方面的事务。

7. 生命科学司(第六司)

该司负责管理生命科学领域的核心研究,包括管理分子生命科学研究、保健研究、生化研究、营养及替代资源研究,也包括管理生命研究机构、生命研究战略与政策以及生命科学研究中的伦理与法规问题。

8. 未来发展司(第七司)

该司负责管理关于环境的自然科学基础研究以及有关社会可持续发展的人文社会科学研究的资助,负责对正在承担此类大型基础研究项目的国家重点机构、跨国合作机构的研究工作进行监管。

从上述教育部各司局的职能可以看出,就联邦教育与研究部具有统筹影响力的领域来看,是"研究"胜于"教育"。而且就"教育"而言,其重点在职业培训、高校学术等方面,在普通中小学教育领域,几乎不存在直接的领导或管理权限。联邦教育与研究部对各州中小学教育的影响主要借助联邦—州合作组织来实现。

(二)联邦—州合作组织的职能

联邦—州合作组织是在联邦与州之间发挥沟通、协商、协调和咨询作用的组织,其中教育与文化部长常设联席会和联邦—州教育规划与研究促进委员会两个组织作用明显,且声名较著。

1. 教育与文化部长常设联席会

教育与文化部长常设联席会是一个常设的联邦—州教育行政合作组织,旨在协调全国性的教育问题,其基本任务在于把各州管理教育和文化事业的部长、议员们召集在一起,共同讨论相关领域的政策问题、跨州的行政问题,并就共同关心的问题和共同的利益与追求达成决议。自1948年成立以来,联席会所发挥的作用巨大,尤其在形成协调全国中小学教育统一发展的重要文件以及协调和推动全国中小学改革方面,其实际功能已经胜过联邦教育与研究部本身。例如,1964年联席会达成《汉堡协定》(Hamburger Abkommen),1971年对该协定进行修订,由此形成德国学校系统的基本结构,包括义务教育的期限、学年起止日期、学校假期的长度、各种学校的类型以及关于考试和证书的规定。通过该协定的补充协定,各州之间又建立了相互承认学业证书的规定。

教育与文化部长常设联席会的主要职能包括以下五项:[1]

(1) 讨论解决重大教育问题;

(2) 推荐有效的教育策略;

(3) 提供教师、学生的交流服务;

(4) 设立专门委员会应对教育的专门问题;

(5) 在教育制度上,尽量消除各州的差距,等等。

2006年,教育与文化部长常设联席会达成共识,通过以下四种方式对德国的教育情况进行监控:[2]

(1) 参加儿童成绩的国际比较研究;

(2) 对教育标准的达成度进行州际比较;

(3) 在各州间开展比较研究,以便对学校个体的工作效率进行评议;

(4) 联邦—州联合编制教育报告。

实际上,通过上述四个方面的监控,教育与文化部长常设联席会的功能又得到了扩展。

---

[1] 台湾比较教育学会. 教育行政比较研究[M]. 台北:台湾书店. 1985:158; Lohmar, B. and Eckhardt, T. The education system in the Federal Republic of Germany 2006: A description of the responsibilities, structures and developments in education policy for the exchange of information in Europe [M]. Bonn: Secretariat of Kultusministerkonferenz, 2007:42.

[2] Lohmar, B. and Eckhardt, T. The education system in the Federal Republic of Germany 2006: A description of the responsibilities, structures and developments in education policy for the exchange of information in Europe [M]. Bonn: Secretariat of Kultusministerkonferenz, 2007:45.

2. 联邦—州教育规划与研究促进委员会

1970 成立的联邦—州教育规划与研究促进委员会是讨论协商联邦与州共同关心的教育和研究话题的组织,其下分设教育规划和研究促进两个次级委员会。其中,教育规划委员会的主要职能如下:①

(1) 拟定整体教育制度的长期发展规划;

(2) 拟定中期发展规划及其执行方式;

(3) 提出联邦或各州在执行教育规划时应如何协调的建议;

(4) 拟定临时的应变方案;

(5) 预估教育规划所需经费,并向联邦及各州提出预算要求;

(6) 反思、修正所拟定的规划;

(7) 提出教育研究及教育规划的实验方案以及推广计划;

(8) 促进国际教育规划方面的经验交流。

二、州和地方层面的教育管理

(一) 州和地方的教育行政概况

德国在联邦之下的教育管理大致可以分为州(Länder)和地方(Kommunen)两级,州掌控其中主要的教育管理权。州负责制定教学大纲、推荐教科书、学校的设置、学业考试、教师的聘任与培训等政策。教育与文化部为州政府的教育行政管理机构,管理本州的教育行政事务,也可能同时兼管图书馆、档案馆、艺术、文化、体育、青年福利事务以及科学研究等多种事务,具体管理范围各州不尽相同。以巴伐利亚州(Bayern)为例,其教育与文化部的管理范围包括教育与文化、科学与艺术两个部分。②

1. 教育与文化部分

具体管理以下事务:

(1) 整个中小学教育事业;

(2) 基本教育政策;

(3) 教师培养和教师进修;

(4) 校外教育事业(包括幼儿园、成人教育等)。

---

① 台湾比较教育学会. 教育行政比较研究[M]. 台北:台湾书店,1985:159.

② 单中惠. 外国素质教育政策研究[M]. 济南:山东教育出版社,2004:241.

2. 科学与艺术部分

具体管理以下事务：

(1) 高等教育事业(大学、高等专科学校、艺术学院等)；

(2) 学术陈列馆和艺术博物馆；

(3) 有关保护艺术和科学的团体和其他机构的事宜；

(4) 助学金。

在有的州,教育管理职能是由一个部来承担的,而在另一些州,教育管理职能是由几个部来分担的。例如在萨克森—安哈尔特州(Sachsen-Anhalt),基础教育、职业教育、高等教育以及科学研究和文化事业都由一个教育与文化部统管。但在下萨克森州(Niedersachsen),基础教育和职业教育由教育与文化部管理,高等教育以及研究与创新事业则由科学与文化部管理。因而,德国文献所称的州"教育与文化部"实际上只是一个统称,其具体的建制往往因州而异。①

在州之下,地方一级的教育管理由县市和乡镇政府负责。不过与州相比,地方政府教育管理的自主活动空间十分有限,基本是对州教育政策的实施情况作具体监管,并负责地方学校的校舍建设与维护。

(二) 州和地方的教育经费分担比例

德国的教育经费由联邦、州和地方分担,其中州历来承担最多。以 1970 年的教育经费分担为例,联邦承担 7%,州承担 70%,地方承担 23%。② 再以 2004 年的教育经费分担为例,联邦承担 4.5%,州承担 74.6%,地方承担 20.9%。③ 可以看出,三十余年来,在经历两德合并等重大历史变故后,联邦、州、地方三级教育经费分担比例并未出现大的变化,州对教育管理的主导地位自然也没有大的变化。

联邦、州、地方三级政府构成德国教育行政管理的主线,其中,州掌握着教育行政的实权。不过,即便是州层面的教育行政决策,也不是州教育行政机关就能够决定的,工商组织、工会、教会、青年协会甚至高等院校等外部利益团体都会介入。这些利益团体一般通过常设在州层面的顾问委员会或临时的听证活动,对教育决策施加影

---

① Lohmar,B. and Eckhardt,T. The education system in the Federal Republic of Germany 2006：A description of the responsibilities, structures and developments in education policy for the exchange of information in Europe [M]. Bonn：Secretariat of Kultusministerkonferenz,2007：55.

② Holmes,B. International handbook of education systems[M]. Chichester：John Wiley & Sons,1983：249.

③ Lohmar,B. and Eckhardt,T. The education system in the Federal Republic of Germany 2006：A description of the responsibilities, structures and developments in education policy for the exchange of information in Europe [M]. Bonn：Secretariat of Kultusministerkonferenz,2007：70.

响,有时其代表也会应邀直接参加教育行政管理会议。以课程大纲的制订为例,一般要经过以下七步程序。①

第一步,州教育与文化部发出制订新大纲的指令。

第二步,组建一个新大纲起草指导小组,该小组成员由教育部官员以及来自本州的教师、家长、学生代表和工商组织、工会、教会、各种协会的代表组成。新大纲起草指导小组的主要任务是为新的课程大纲确定基本框架,包括大纲的结构架设以及专门的概念术语的确定等。

第三步,建立由资深教师和教师培训者(通常是讲授教学法的教师)组成的各科专家委员会,负责草拟各科大纲。

第四步,就初步形成的大纲草案,听取教师、家长、学生以及工商组织、工会、教会、各种协会等利益团体代表的意见。

第五步,大纲草案提交教育与文化部后,如有必要,将再次请不同的利益团体进行评议。

第六步,大纲草案提交州学校理事会讨论。

第七步,将州学校理事会讨论通过的大纲草案提交州教育与文化部长签署,随后颁布、生效。

由课程大纲制订和出台的过程可以看出,州层面的教育行政决策往往是多种力量作用的结果。

第二节　德国政府—学校关系变革

一、背景概述

历史上,德国是一个名流辈出的国家。德国既产生过路德、巴赫、贝多芬、席

① Haenisch, H. and Schießl, O. Educational content and learning strategies for living together in the twenty-first century: Problems and solutions[R]. Bonn: Secretariat of Kultusministerkonferenz,2001：7.

勒、歌德、康德、黑格尔等人文泰斗和思想巨擘,又培育了莱布尼茨、伦琴、普朗克、爱因斯坦等一批科学巨星。在 20 世纪初期,大约有三分之一的诺贝尔奖被德国科学家收入囊中。称德国为"既是诗人与思想家的国度,又是研究型的国家"①并非言过其实。就教育而言,德国也拥有相当骄人的历史。"早在中世纪,来自全欧洲的学者们就朝圣般地涌向当时新建的海德堡大学、科隆大学和格莱夫斯瓦尔特大学。稍后,在威廉·洪堡推行大学改革之后,德国高校甚至成为学术界的理想模式。洪堡把大学设计为独立探寻知识的场所,在这里,科研与教育构成一个整体。也就是说,只有那些通过个人研究有所建树的教授才可以开门授课。同时,教授和学生都不应该受国家影响而独立开展科研。当时,谁想在学术上有所突破,必须有在德国实验室或阶梯教室学习的经历。"②此外,德国既是"科学教育学的奠基人"赫尔巴特(Johann Friedrich Herbart)、世界上第一所幼儿园的创建者福禄培尔(Friedrich W. A. Fröbel)、教师教育的先驱第斯多惠(Friedrich A. W. Diesterweg)的故乡,又是世界上最早正式颁布义务教育法令及率先建立师范教育机构的国家之一。③ 辉煌的历史文化着实令德意志民族骄傲。然而一些教育研究者认为,恰恰是德国辉煌的历史文化,长期抑制了德国人教育改革的欲望,从而在 19 世纪到 20 世纪 50 年代之间,德国在教育体制上变革甚微。④ 从教育管理体制来看,自 1949 年《基本法》颁布后,各州高度自治以及各州对学校教育高度集权治理的格局长期没有改变。在这种教育管理体制下,学校几乎没有什么自主权,学校的校长从来都被视为教师的一员,只是负责兼管教育行政部门授权的有限的教学事务或人事方面的事务而已。20 世纪 90 年代后,随着社会对人才需求的变化以及对学校教育要求的提高,德国的立法者开始意识到,固守传统而缺乏灵活性的德国教育管理体制已愈益显得不合时宜了。1997 年,德国颁布的《民事服务改革法》(Civil Service Law Reform Act)在教育管理体制改革上迈出了重要的一步:在学校发展、质量保障及评估等方面给予学校一定的自主权。当然,《民事服务改革法》授予学校的自主权仍然相对有限,而且传统的教育管理观念并不会随着新法的颁布而迅速改变。在德国教育管理研究者赫拉兹(G. Halász)看来,甚至到 21 世纪初,一般德国人观念中的校长还只是一个用部分时间兼管行政事务的教师,而不是一个统领全校工作的领导者,"人们

---

① 彼得·欣特雷德. 德国概况[M]. 柏林:德国外交部,2008:154.

② 同上:119.

③ 张瑞璠,王承绪. 中外教育比较史纲(近代卷)[M]. 济南:山东教育出版社,1997:704,843.

④ Dekker, E., Van Schalkwyk, O. Modern education system[M]. Durban:Batterworths,1989:23.

很少期望校长去领导学校发展或校本自我评估之类活动"。① 真正推动德国教育管理体制改革的重要机缘出现在 2000 年。是年,经济合作与发展组织推出"国际学生评估计划"(PISA)。2000 年的 PISA 结果显示,在参与 PISA 的 32 个工业国中,德国学生在阅读能力方面排名第 21 位,在数学能力方面排名第 20 位,在自然科学能力方面排名第 20 位。也就是说,德国学生在总体上明显落后于发达国家学生的平均水平。这一结果大大震动了德国社会,通过教育改革来改进教育质量一时成为德国朝野关注的中心。在德国随后推出的教育改革举措中,不可避免地包含了涉及教育管理体制改革和政—校关系变革的内容,主要包括五个方面:政府权力下放,校长角色转型;多方民主参与,追求共管制衡;建立国家标准,明确监控维度;转变督导方式,引入专业力量;改革决策机制,突破议决障碍。

二、政府—学校关系变革

(一) 政府权力下放,校长角色转型

西方国家围绕 PISA 结果的一些分析显示,除了教师素质、课堂教学模式等因素之外,学校的自主管理程度也是影响 PISA 成绩的因素之一。如果学校在控制预算、人事雇佣、报酬确定等方面享有自主权,就将对 PISA 的结果产生积极影响。② 在由 2000 年 PISA 结果引发的德国各界的大讨论中,变革各州高度集权的教育管理体制自然成为其中的一个话题。2002 年 1 月,由德国联邦教育部、各州教育与文化部、经济界、工会、教会和教师代表组成的"教育论坛"提出了 12 条教育改革建议。其中,第十二条"下放权力"就是要"让学校拥有更多的自主权,特别是在其发展学校特色以及有关人员、房产和设备的配置方面;通过继续教育,提高校长的领导和管理能力;调整国家监督的方式方法,增强督学对教师工作的咨询能力;加强教育质量的内部与外部评估工作"。③ 显然,这里的"下放权力"并非将学校管理权简单地一放了之,而是一场政府放权与校长能力建设及监控方式转变并举的管理体制变革。

---

① Halász, G. et al. Attracting, developing and retaining effective teachers, country note: Germany[R]. Paris: OECD Publications, 2004.

② Adams, R. J. & Wu, M. L. PISA 2000 technical report[R]. Paris: OECD Publications, 2002; Turner, D. UK teenagers plummet in world science league[EB/OL]. http://www.ftchinese.com/2007 - 12 - 03.

③ 周丽华. 德国基础教育的改革理念与行动策略——解读德国教育论坛"十二条教改建议"[J]. 比较教育研究, 2003 (12): 6 - 10.

　　由于德国的学校长期在一种规章高度约束的环境下运作,学校在教学、人事、资源各方面都没有什么自主权,加之传统的政府督导行为覆盖学校行政及课堂教学的方方面面,因而校长本质上就是一个兼管行政琐事的教师或业余管理者,其领导和管理素养与美、英等国的校长不可同日而语。于是,政府权力下放给学校后首先要解决的便是校长如何从"业余"到"专业"的转型问题。在这一转型的过程中,校长的行政职责前所未有地加重了,而政府则通过减少校长课时、为校长配备助手以及实施专业指导与培训来推进这一转型的实现。

　　传统上,校长的行政职责主要限于编制作息时间表、分派教学任务、采办小额教具设备、关心学生保健、预防校园伤害事故、出席家长会和学生集会,以及向教育行政部门递交报表等琐碎事务。然而在政府下放权力并对学校的办学绩效进行评估和问责后,校长的行政职责便随之加重了。[①] 校长的职责已经从上述琐碎的日常行政扩展到经费预算与管理、人事管理、质量保障、教师评价、员工培训、组织发展、学校公共关系、学校形象建设等更多的领域。不仅工作量大大增加,而且工作难度和专业要求都大为提高。对于许多校长来说,这样的角色转型实在有相当的难度。为了保障校长转型,政府采取了两项直接助推的措施,一是减少校长的教学工作量,以保证校长有充分的时间履职;二是配备副校长分担行政事务(在一些州,甚至还设置了学校行政主任的职位),以保证校长专注于学校领导层面的工作。[②] 在推动校长转型的过程中,一些州的教育与文化部还派出专门的顾问,指导和帮助校长履行专业职责。同时,与校长转型密切相关的校长专业发展问题也逐渐受到重视。2002 年时,德国的校长培训还只限于初职校长的岗位培训,并且在有些州还不作为校长必修的项目,[③]但此后,德国的校长培训不仅受到德国政府的重视,而且受到国际组织以及德国研究界的更多关注。例如,OECD 第 611 号工作报告在给德国政府提出改进德国教育质量的 15 条建议中,就包含"通过专业发展使校长成为更有效的领导者"[④]的内容。又如,德国教育管理研究者休伯(S. G. Huber)专门开发了一种数字化的学校管理能力

① David Carey. Improving education outcomes in Germany [M]. Paris: OECD Publications,2008:24.

② Lohmar,B. and Eckhardt,T. The education system in the Federal Republic of Germany 2006: A description of the responsibilities, structures and developments in education policy for the exchange of information in Europe [M]. Bonn: Secretariat of Kultusministerkonferenz,2007:62,231.

③ Huber,S. G. School leader development: Current trends from a global perspective[C]//Hallinger,P. Reshaping the landscape of school leadership development. Lisse: Swets & Zeitlinger Publishers,2003:273-288.

④ David Carey. Improving education outcomes in Germany [M]. Paris: OECD Publications,2008:36.

测评工具,并在德国的图林根州进行了试点。这一工具既可以供有志于从事学校领导工作的教师用于自测,也可以作为遴选校长的辅助手段。① 可以预见,此类研究将为德国的校长专业发展实践提供有力的支持,也将从技术角度推动德国校长培训质量的提升。

(二) 多方民主参与,追求共管制衡

民主治国是德国《基本法》的重要原则之一,这一原则精神同样适用于公办教育机构的治理。基于民主治理的原则,政府在下放权力和推动校长转型的同时,必然会强调"多方民主参与、追求共管制衡"的学校管理模式。实际上,在政—校关系变革之前,德国的中小学就一直存在各种参与学校管理的组织。政—校关系变革之后的变化在于,多方参与的民主管理制度较之前更加完备,各有关组织的职责更明确,共管制衡的学校管理模式得到进一步强化。同时,民主治校还出现向校外伙伴机构参与管理的新方向扩展的趋势。以下分别从校内、校外及新方向扩展三个角度,考察目前德国中小学"多方民主参与,追求共管制衡"的概况。

1. 学校内部

学校内部的"多方民主参与,追求共管制衡"主要通过学校参议会、教师参议会和学生议事会三个组织的设置及活动来实现。

(1) 学校参议会(Schulkonferenz)

学校参议会既负责管理和协调学校领导、教师、学生、家长之间的合作问题,也负责协调学校与外界的合作问题。学校参议会的人员构成方式和具体职能因州而异。在一些州,学校参议会中教师、学生和家长代表的人数相同,在另一些州,教师或家长在代表人数上占优势。学校参议会主席或由校长担任,或由大会选举产生。虽然各州立法机构对学校参议会的职能有不同的设定,但在大多数州,学校参议会的职能包括以下三方面: ②

① 组织学校生活和教学活动,制定学校规章制度和纪律规则,规定作息时间,调配教师等;

---

① Huber, S. G. et al. Competence Profile School Management (CPSM) —an inventory for the self-assessment of school leadership: Findings from the pilot study [R]. Hong Kong: Asia Leadership Roundtable, 2010.

② Lohmar, B. and Eckhardt, T. The education system in the Federal Republic of Germany 2006: A description of the responsibilities, structures and developments in education policy for the exchange of information in Europe [M]. Bonn: Secretariat of Kultusministerkonferenz, 2007: 66.

② 学生保护,包括学生来往学校的道路安全、学校交通问题的解决、校园事故的防范等;

③ 校外活动,包括学校监护下的校外活动的组织,比如参观工厂、博物馆等。

此外,学校参议会也可以讨论决定一些特定的教育和教学问题,包括:教科书是否合适,课堂练习和家庭作业要求是否得当,学业奖励的规则是否公平,学校纪律的尺度是否合理,教学改革试点项目是否采纳,等等。在某些州,学校参议会还有权对学校的建设项目、设施设备的购置或学校的迁址、合并等事务作出决定。在少数州,学校参议会在校长的遴选上有话语权。不过按照法律规定,校长的任命权仍在教育行政当局手中。

(2) 教师参议会(Lehrerkonferenz)

所谓教师参议会,是学校全体教师都参与的参议组织,下面还可以有分学科的参议会,甚至只对应于单个班级的教师参议会。教师参议会负责对学校的教育教学事务进行决策。比如,从教育部审定的教科书目录中选择教科书,就是教师参议会的职责;又如,对学校发生的纪律问题或各种冲突进行裁决,也是教师参议会的职责。不过,教师参议会并不能干预教师个体具体的课堂教学活动,也不影响教师在教学业务上的自由裁量权。校长是学校教师参议会的主持人,负责大会决策的执行和实施。在有些州,家长(有时候是学生)代表有权参与教师参议会的审议工作,发表他们的见解。但按照大多数州的有关规则,他们一般不能参与成绩合格标准或升留级方面的讨论和决策。

(3) 学生议事会(Schülerparlament / Schülerausschuss)

按照有关法律,学生有权建立学生代表组织和参与学校管理。一般情况下,学生们可以根据广泛代表性的原则,从各代表性学生群体中选举产生代表,并由这些学生代表共同组成学生议事会参与学校管理。学生议事会还可选出 1 名或若干名学生发言人表达学生的观点和意见。法律还规定,学生可以在全校范围和校内各个层面组织不同层次的学生大会(Schülervollversammlungen),以便学生交换意见,并对有关问题进行讨论。对于上述学生代表选举或学生组织组建的过程,学校和教育行政机关一般不予干预。学生议事会不仅在学校层面设立,而且在地方层面,设有镇或学区学生议事会(Gemeindeschülerrat/Stadtschülerrat/Kreisschülerrat),在州层面,还有州学生议事会(Landesschülerrat),从而形成学校、地方、州三个层次的学生参与管理组织。

2. 学校外部

在学校外部,主要有家长理事会和其他利益关切团体参与学校管理事务。由于《基本法》赋予家长养育和照管孩子的责任和权利,因此,学校对儿童的学校生活管理权受到家长权利的牵制。一方面,家长对自己孩子的学校生活拥有知情权和适当的话语权;另一方面,家长可以通过家长理事会或学校参议会中的家长代表行使集体性的权利。家长理事会一般可以分为四个层次:班级层面的家长理事会(Klassenelternversammlung/Klassenpflegschaft)、学校层面的家长理事会(Schulelternbeirat/Elternvertretung)、学区层面的家长理事会或州层面的家长理事会(Landeselternbeirat)以及全国性的家长理事会(Bundeselternrat)。由于各州的有关法律赋予家长参与学校管理的权利不同,因此各州家长团体参与学校管理的方式和程度也有所不同。不过对一所具体的学校来说,直接影响其管理工作的是班级和学校两个层面的家长理事会,其他利益关切团体对学校事务的直接干预甚微。至于更高层面的家长理事会,主要是通过为家长提供教育政策方面的信息和教育方面的咨询性信息来发挥作用。此外,各州常设的教育顾问委员会或临时的质询活动,都有工商界、工会、教会、地方管理部门协会、高等教育机构、青年组织等更多利益关切团体的代表参加或介入,这些利益关切团体自然会借此渠道影响宏观教育决策,从而对学校管理事务形成间接的影响。

3. 向新方向扩展

在由 2000 年 PISA 结果引发的德国各界大讨论中,传统的半天制学校(Halbtagsschule)是一个备受社会指摘的问题。德国的小学长期实行半天制作息(一周上课五天或六天不等),即学校开门和关门的时间通常是上午 7 点到下午 2 点,小学生上课的时间一般为上午 7:30 到下午 1:30,有的上午 11:30 就放学了,许多人因此将德国学生的学业表现不佳归因于此。2002 年,德国联邦教育部长布尔曼(E. Bulmahn)提出了一个名为"未来教育与关怀"(Zukunft Bildung und Betreuung)的教育改革计划,其内容之一就是,2002—2007 年,联邦政府将投入 40 亿欧元,在全国新建至少 1 万所全天制学校(Ganztagsschulen)。不过由于种种原因,布尔曼的全天制学校计划推行效果似乎并不如设想的那样顺利,根据教育与文化部长常设联席会 2006 年官方报告的描述,"全天制的小学目前在德国仍然很少见"。① 当然,无论是半天制学校还是全天制学校,都存在一个如何监护学生活动和辅导学生功课的问题,因为即使是全天制学校,下午时段的内容也主要是学生的活动和完成作业。在以往半天制上学的情况下,

---

① Lohmar, B. and Eckhardt, T. The education system in the Federal Republic of Germany 2006: A description of the responsibilities, structures and developments in education policy for the exchange of information in Europe [M]. Bonn: Secretariat of Kultusministerkonferenz, 2007: 93.

学生的下午校外时间段的活动往往是由当地青年志愿机构举办的校外中心(Horte)负责监管的。现在,即使将半天制学校改成全天制学校,学校仍无充分的人力资源来完全担负下午时段的学生监护与辅导任务。而且全天制学校下午时段的监护与辅导要求更高,因为它更强调下午时段的监护与辅导同上午课堂教学之间的关联与呼应。这就要求学校与校外中心或其他校外志愿机构之间更为密切的配合。因而,目前各州政府都特别强调学校与校外机构建立密切的合作伙伴关系。而随着这种合作的发展,校外伙伴机构参与学校管理的情况就不可避免了。这也可以被看作是德国学校"多方民主参与,追求共管制衡"向一个新方向的扩展。

(三) 建立国家标准,明确监控维度

在 20 世纪后半叶,德国的教育改革还基本是一些局部性的片段式改革,主要涉及的是教学方法和教学内容。例如,60 年代德国小学教育经历了教学法和教学内容的改革;70 年代强调科学教育,随后进行教学法改革,强调学生为中心的教学;90 年代开始重视外语教学,各州都把外语教学提前到小学阶段。2000 年之后的改革则更倾向于全局性、体制性的考虑。2001 年 12 月,在 2000 年 PISA 测试结果公布后,教育与文化部长常设联席会就提出,联邦和各州要在七个方面采取行动,其中第五个方面就是,"通过教育标准和结果导向的评价,发展和保障教学和学校质量"。[1] 在 2002 年"教育论坛"提出的 12 条教育改革建议中,又强调在下放权力的同时,要"调整国家监督的方式方法…… 加强教育质量的内部与外部评估工作"。[2] 同年,教育与文化部长常设联席会作出决议,要制定国家教育标准为各州所用。作为对制定国家教育标准的铺垫,教育与文化部长常设联席会发表了第一份德国教育报告《德国教育报告:首次发现》,对普通学校教育状况进行了全面的梳理和分析。2003—2004 年,教育与文化部长常设联席会发布中学德语、数学、第一外语的教育标准,2004 年 10 月发布小学德语和数学的教育标准,要求四年级的儿童必须达到。2004—2006 年,德国完成了主要学科教育标准的建立,标准包括: [3]

---

① Lohmar,B. and Eckhardt, T. The education system in the federal republic of Germany 2006: A description of the responsibilities, structures and developments in education policy for the exchange of information in Europe [M]. Bonn: Secretariat of Kultusministerkonferenz, 2007: 246.

② 周丽华. 德国基础教育的改革理念与行动策略——解读德国教育论坛"十二条教改建议"[J]. 比较教育研究,2003 (12): 6-10.

③ Lohmar,B. and Eckhardt, T. The education system in the Federal Republic of Germany 2006: A description of the responsibilities, structures and developments in education policy for the exchange of information in Europe [M]. Bonn: Secretariat of Kultusministerkonferenz, 2007: 247.

（1）各学科的基本原理；

（2）确定各个学科的特定能力，包括各个学段学生应该达到的基本知识水平；

（3）系统学习、原理联系以及知识累积的要求；

（4）描述所期望的学生表现水平；

（5）各个学科的核心领域以及学校可采用的教学评量范围；

（6）学业中等水平的要求；

（7）考试样题的举例与说明。

建立国家教育标准的目的是为了监控和评估教育质量。与之相配套的是 2006 年 6 月教育与文化部长常设联席会明确提出的四个相互关联的监控维度：学生学习成就的国际比较研究；联邦按照教育标准对各州的成就进行比较性的评议；州内比较研究，通过学校间的比较来评议每所学校的效率；联邦与州发布联合教育报告。联邦与各州联合编制的第一份教育报告《德国的教育》于 2006 年 6 月发表，报告内容涵盖小学、中学、职业教育、高等教育以及成人继续教育等所有教育领域，既迈出了教育与文化部长常设联席会监控全德教育的重要一步，也是联邦和各州统计机构协同工作的一个范例。

国家教育标准的建立和教育监控维度的明确，表明政府的权力下放并非权力放任，而只是给予学校一定标准框架内的自由裁量权，同时更意味着德国教育行政管理取向的一个重要转型，即从只顾耕耘不问收获，转向结果导向和绩效问责。

（四）转变督导方式，引入专业力量

长期以来，督导是各州政府对学校实施监控的一个主要手段。按照传统的督导制度，政府对学校的督导包含法规督导、学术督导和教职员督导三个方面。所谓法规督导，主要是监督学校管理活动的依法开展，也包括对学校校舍建设和维护状况的监督。学术督导是指督学对学校的教育工作和教学活动的督导，主要方式是巡视学校、巡访听课和提供忠告，基本目的是保证学校的教育教学以及其他法定活动按专业要求开展，支持和帮助学校以恰当的方式开展教育教学活动，推动学校专业活动质量的改进。所谓教职员督导，主要是通过督学进课堂听课、阅读校长对教师的工作绩效报告、跟教师谈话以及检查学生作业状况等方式，对教师的专业能力和态度进行评估，以保证教职员有效履行职责。同时，督学还要依法对教师的试用期、晋升、调动等情况进行监督，以保证每个教师职业生涯的进步，进而维持学校系统的工作效率。这样的督导虽然在某些方面显得细致入微，却存在两大缺陷：一是督学包办了许多本该由学校自己担当的监管职能；二是督导过程缺乏统一而科学的评判而过于依赖督学

个体的素质和喜好。尽管教育与文化部长常设联席会于 1997 年提出过强调全国范围内横向绩效比较的质量保障程序,但因当时还没有建立统一的教育标准,该程序未能真正发挥作用。随着 2002 年后学校自主管理程度的提高,特别是 2006 年德国完成了主要学科教育标准的建立,并确定了四个监控维度后,传统的督导转向系统的质量保障才成为可能。在传统的督导向系统的质量保障转变的过程中,专业力量的引入也很关键。2004 年,教育与文化部长常设联席会专门组建了教育进步研究所(Institut zur Qualitätsentwicklung im Bildungswesen, IQB),以便从全国的角度对各州的教育标准达成情况进行比较评议。同时,德国国际教育研究所(Deutsches Institut für Internationale Pädagogische Forschung, DIPF)、马克思—普朗克人类发展研究所(Max-Planck-Institut für Bildungsforschung)等一批高水平研究机构也参与了教育质量保障研究和工具开发工作,并在研发过程中参照和借鉴"第三次国际数学和自然科学测试研究"(TIMSS)、"国际阅读素养进步测试研究"(PIRLS)、"国际学生评估计划"(PISA)等著名国际教育成就比较工具的思想方法和技术手段,从而保障了德国教育质量保障体系本身的质量。

(五)改革决策机制,突破议决障碍

在推动政府权力下放、建立国家标准和转变督导方式等政—校关系变革的过程中,教育与文化部长常设联席会对其决策机制也进行了改革。教育与文化部长常设联席会虽然在协调甚至统筹全德教育方面发挥着重要作用,但它毕竟只是一个协商性的合作组织,有时会因为仅少数州的反对而使一个原本有益于全局的议决无法通过。2004 年,教育与文化部长常设联席会决定对其委员会的构成、秘书机构、工作方式及决策机制进行综合改革。根据这一决定,从 2005 年起,教育与文化部长常设联席会的决策机制将更为灵活,联席会议决形成的条件将因议决内容而异,有的议决必须取得各州完全一致的意见后方能形成,而有的议决只要取得一定多数的意见便可形成。赞同联席会议决的州经过本州立法程序后,可将议决转变为州法内容,也可作为行政规定实施,个别不赞同联席会议决的州自然就不必执行议决内容。这一决策机制的改革更有利于突破联席会的议决障碍,方便了联邦意志的传递,对推进全国性的政—校关系变革具有积极的作用。

除了上述五个方面之外,一些州在教育管理体制方面还有一些局部的改革。例如,德国的小学生历来是就近入学的,但近年来,有些州开始考虑允许家长自由择校,北莱茵—威斯特法伦州(Nordrhein-Westfalen)从 2008—2009 学年开始试点实行家长自由选择小学的政策。诸如此类的政策虽然只在部分地方谨慎试行,但对德国未

来的政—校关系有着潜在的间接影响。

通过以上描述我们可以发现,德国政—校关系的实质性变革发生在 2000 年以后。2000 年的 PISA 结果大大羞辱了德意志民族的自尊心,教育质量的改进遂成为社会的焦点。可以说,政府首先考虑的是如何建立国家统一标准,怎样评估学校绩效和监控教育质量,随后才自然地牵动了政—校关系的变革。客观来看,德国政—校关系变革的实际力度不大,学校自主管理的程度仍然很低。2006 年 PISA 附带的学校自治程度测量表明,德国学校的自治程度得分为 3.9,明显低于 OECD 国家 5.0 的平均水平。[①] 这种现象背后的原因虽有种种,但最根本的原因还在于德国的法律与文化。一如德国学者彼得·欣特雷德所言:"《基本法》的一个特点是所谓的'永久性'宪法原则。无论是今后的局部修改还是被一部全新的宪法所取代,基本权利、民主治国方式、联邦制国家、社会福利国家这些原则都是不可侵犯的。"[②]这就决定了德国的政—校关系架构不太可能有大的变革。而法律的背后还有文化。如前所述,德国的历史文化十分辉煌,德意志民族对消解传统存有天然的拒斥心理。更何况,OECD 2003 年和 2006 年的 PISA 结果显示,德国的学生成就排位已经上升,德国人的教育质量危机感已大为缓解。因而,德国在可预见的未来出现政—校关系激进变革的可能性不大。

三、政府—学校关系现状描述

德国的政—校关系虽经变革,但目前学校的自主管理程度仍然非常低。通过下面的量化描述我们可以看到,德国学校的自主管理程度甚至比法国还低。所不同的是,法国的许多教育管理大权集中在中央,而德国则表现为州层面的高度集权。

(一)来自 OECD 的量化描述(2008 年)

根据 OECD 2008 年公布的各成员国初中阶段公立学校事务自主决策状况的调研统计资料,表 3-1 和表 3-2 分别显示了德国公立学校的教学组织管理、人事管理、规划与结构管理、资源管理四方面的决策权在中央、州、地方和学校四个层面的配比状况,以及公立学校事务综合决策权在中央、州、地方和学校四个层面的一般配比状况。

---

① David Carey. Improving education outcomes in Germany [R]. Paris：OECD Publications,2008：22.
② 彼得·欣特雷德. 德国概况[M]. 柏林：德国外交部,2008：54.

表 3-1　德国公立学校管理事务决策权配比状况*

管 理 项 目	中央(%)	州(%)	地方(%)	学校(%)	合计(%)
教学组织决策权	0	13	0	88	100
人事管理决策权	17	38	38	8	100
规划与结构决策权	0	71	14	14	100
资源决策权	0	0	83	17	100

资料来源：OECD. Education at a glance 2008[R]. Paris：OECD Publications, 2008：489 - 490.
* 表中部分栏目分项之和超过或不到 100,OECD 原文如此,或因四舍五入所致。

表 3-2　德国公立学校事务综合决策权配比状况

管 理 项 目	中央(%)	州(%)	地方(%)	学校(%)	合计(%)
综合决策权	4	31	35	30	100

资料来源：OECD. Education at a glance 2008[R]. Paris：OECD Publications, 2008：489 - 490.

(二) 来自欧盟委员会的分类描述(2009 年)

根据欧盟委员会 2009 年 6 月发表的《2009 年欧洲教育主要数据》,德国小学与初中阶段(ISCED 1～2 学段)公立学校的自主管理现状如表 3 - 3、表 3 - 4 和表 3 - 5 所示。

表 3-3　德国公立学校人力资源自主管理状况

管 理 项 目	完全自主管理	有限自主管理	无自主管理
校长的遴选			√
校长的职责规定			√
教师的招聘			√
代课教师的聘用	√		
教师的解雇			√
教师的职责规定			√
教师超时报酬的发放	√		
教师超职责范围工作报酬的发放			√

资料来源：European Commission. Key data on education in Europe 2009[R]. Brussels：Eurydice, 2009：79.

表 3-4　德国公立学校财金资源自主管理状况

管 理 项 目	完全自主管理	有限自主管理	无自主管理
公共资金的使用			
固定资产收支			√
日常运转开支			√
电脑设备的添置		√	
筹资及私源经费的使用			
经费筹集			√
课余时间的校舍出租			√
借贷			√
私源经费的稳定获取			√
私源经费的不稳定获取			√
用私源经费聘用教学人员			√
用私源经费聘用非教学人员			√

资料来源：European Commission. Key data on education in Europe 2009[R]. Brussels：Eurydice, 2009：79.

表 3-5　德国公立学校教学内容与教学过程的自主管理状况

管 理 项 目	完全自主管理	有限自主管理	无自主管理
课程的指定教授内容			√
课程的选授内容		√	
教学方法的选择	√		
教科书的选择	√		
必修课的学生分层依据	√		
校内考试标准的制定		√	
学生留级与否的决定	√		
资格证书考试内容的设定			√

资料来源：European Commission. Key data on education in Europe 2009[R]. Brussels：Eurydice, 2009：80.

第四章

法国政府——学校关系变革

第一节 法国教育行政体制的基本架构

在 17 世纪中叶以前,法国的行政管理权是分散于地方的。17 世纪中叶路易十四亲政后,王权扩张,开始强调中央的行政管理职能,教育行政管理也进入了王权的视野。不过在当时,已进入王权视野的教育管理问题并非国王真正关注的重点,因此就出现了王政对教育虽有过问但无实质性结果的情况。例如"在十七世纪,法兰西王国政府颁布了许多在国内开办初等教育的敕令。敕令提出在每一教区开办学校一所,甚至提出了强迫男孩和女孩入学的要求,但实际上,这些要求并未执行。……事实上,虽然王国政府干涉学校的设置,学校始终掌握在僧侣手中。"①这就造成了法国教育行政曾独立于政府行政体系之外的一段历史。18 世纪法国大革命后,无论是"孔塞多计划"还是"雷佩尔提计划",都涉及建立世俗化国民教育体系并由政府管理的主张,但由于种种原因,都未能真正实现。法国的教育行政系统真正形成并被正式纳入政府行政体系,是从 19 世纪初才开始的。1799 年拿破仑上台后注重强化政权,遂于 1802 年颁布《公共教育基本法》,规定了从小学、中学到专门学校的三级学制,其实质是建立国家管理教育的制度。1806 年和 1808 年,拿破仑又先后颁布法令,设立相当于中央教育行政机关的帝国大学,并实行大学区制,由此建立起高度中央集权的教育管理体制。200 年后的今天,法国教育管理体制的集权程度虽然已与当时大不相同,但中央集权化的基本格局还是延续了下来。

一、中央层面的教育管理

(一)中央教育行政机关的职能

在拿破仑建立帝国大学后的 200 年中,法国中央教育行政机关的称谓变化不下10 次。1824 年查理十世执政时期,帝国大学更名为"公共教育与宗教事务部",1828

---

① 曹孚. 外国教育史[M]. 北京:人民教育出版社,1979:107.

年更名为"公共教育部",1920 年改称"公共教育与美术部",1932 年更名为"国民教育部",1975 年删除"国民"两字,称"教育部",1981 年恢复"国民教育部"称谓,1988 年称"国民教育、科学研究和体育运动部"。20 世纪 90 年代以后,法国中央教育行政机关又经历过"国民教育、高等教育、研究及职业融入部"和"国民教育、研究和技术部"两次更名,目前称"国民教育、高等教育暨研究部"(Ministre de l'Éducation nationale, de l'Enseignement supérieur et de la Recherche)。以上的每一次更名,几乎都意味着中央教育部职能权限和管辖范围或大或小的变动。

当年拿破仑建立帝国大学和大学区制,赋予中央教育行政机关独揽全国教育事务的权力,"各级学校的开办均需得到帝国大学总监的许可,所有教职人员均由帝国大学总监任命,各种规章制度均由帝国大学总监负责制定。学校的学年安排、课程设置、教科书编写、考试和升学规定、颁发证书和毕业文凭等,都是全国划一的"。[1] 这种高度中央集权的体制沿袭下来,法国的教育部长就成了全国近百万教职员的统一"雇主",而教育部则几乎成了一个统抓统管一切教育事务的行政统帅部。担任过法国教育部长的纪夏德(Guichard)曾调侃说,法国教育部所掌管的系统之庞大,其程度仅次于苏联红军。[2] 之后虽经过 20 世纪 80 年代的分权行动(decentralisation acts),中央集权化程度有所下降,但法国教育部对全国教育事务的统管职能仍然是明显的,主要包括:[3]

(1) 组织实施议会通过的教育法和政府对教育的决定、总统和总理签署的教育政令,制定和颁布有关教育的规定、条例和执行细则等;

(2) 确定教育方针、政策和体制;

(3) 制定国家教育发展战略、发展规划与教学大纲;

(4) 制定考试及学位和文凭发放制度;

(5) 领导公立教育机构,监督和指导私立教育机构;

(6) 负责教师职位的设置和教师管理;

(7) 分配和监督教育经费的发放和使用;

(8) 组织协调高校的科学研究;

(9) 开展国际教育的交流与合作;

---

① 李冀. 教育管理辞典[M]. 海口:海南人民出版社,1989:315.

② Holmes, B. International handbook of education systems[M]. Chichester: John Wiley & Sons,1983:326.

③ 霍益萍. 法国教育督导制度[M]. 北京:人民教育出版社,2000:23.

（10）检查和评估教育质量，等等。

（二）中央教育督导机构的职能

法国教育督导机构分为中央、大学区和省三级，教育部所设的总督导局即为中央教育督导机构。总督导局的基本任务是评估并报告国家教育系统的运行情况，在教育的重大问题上为教育部长提供咨询性意见。中央一级的督学分国民教育总督学、国民教育行政总督学和图书馆督学三类，三类督学的职能各有不同。其中，国民教育总督学主要负责教学业务方面的督导，按文学、语言、数学、学前及小学教育、物理、自然、工业技术、哲学、历史地理、社会科学、经济管理、艺术教育、习工、技术教育 14 个学科编组，分类开展督导工作。国民教育总督学的基本职能为以下四项：①

（1）评价教育体制运行情况，为教育决策提供参考信息；

（2）评价学校教学活动及其质量，参与制订教学大纲；

（3）评价教师的教学质量，指导教师的教学工作；

（4）参与教师的招聘与培训。

国民教育行政总督学主要负责行政管理方面的督导，其基本职能是对教育部长所管辖的人员、部门、机构在行政、财政、会计和经济方面的工作进行督导。与国民教育总督学一样，国民教育行政总督学也是分组开展督导工作，通常按教育部直属机构、高等教育、大学区和省教育行政机构、学校的布局和设备、学校行政等分类编组。

（三）中央教育咨询机构的职能

高度的中央集权虽然保持了教育行政指挥的高效率，但如何保证行政决策的科学性却是一个问题。或许，拿破仑在建立帝国大学和大学区制的时候已经预料到这个问题，所以他一开始就立下了一条行政管理原则：大家审议，一人决定。正因为有这样一条原则，咨询机构在法国教育行政体系中一直扮演着重要的角色。在中央层面的咨询机构中，地位最高、影响力最大的是教育高级委员会，它是根据 1989 年《法国教育指导法》建立的，取代之前的国民教育高级委员会和普通教育与技术教育委员会两个机构，统一行使全面的教育决策咨询职能。按照《法国教育指导法》的规定，教育高级委员会"由国民教育部长或其代表担任主席。……由教师、教师—研究人员、学校其他人员、学生家长、大学生、地方团体、校外协会，以及教育、经济、社会和文化各界的有关人员中产生的代表组成。教师—研究人员的代表由他们在全国高等教育

---

① 参见国家教育督导团办公室. 当代中国教育督导[M]. 北京：人民教育出版社，2007：1049—1050.

和科研委员会的代表选举产生。学校其他人员的代表,根据最有代表性的工会组织按职业选举结果的比例提出的建议,由国民教育部长指定"。该委员会负责"对公共教育事业的目标和职能提出意见"。① 对基础教育影响重大的另一个中央咨询机构是全国课程委员会,负责"就教学的总体设想、要达到的主要目标、课程与这些目标的一致性和课程与知识发展的适应性,向国民教育部长提出意见和建议。委员会成员由国民教育部长任命,均须是有能力的代表性人物"。②不过,法国的教育咨询机构虽然地位重要且具有影响力,但它们的咨询意见只能影响决策,并不具备法定的约束力,咨询意见最终是否被采纳,必须由教育行政首长来决定,这也恰好体现了拿破仑的"大家审议,一人决定"的原则。

二、地方层面的教育管理

(一) 地方教育行政机关的职能

法国地方层面的教育行政是一个独立于地方政府行政系统之外的单独的行政体系。从理论上说,法国的地方教育行政机关只有大学区和省教育局两级,但实际上,在省教育局之下,还存在地方学区这个管理层级。

1. 大学区(académies)

目前法国设有 35 个大学区,其中 26 个位于法国本土,分别为:卡昂、克莱蒙菲朗、格勒诺布尔、里昂、蒙彼利埃、南锡—梅斯、南特、雷恩、图卢兹、埃克斯—马赛、亚眠、贝桑松、第戎、里尔、利摩日、尼斯、奥尔良—图尔、普瓦提埃、兰斯、鲁昂、斯特拉斯堡、波尔多、克雷泰伊、巴黎、凡尔赛、科西嘉岛。另有 9 个大学区位于法国的海外领地。大学区是教育部派驻地方的行政机关,与地方政府没有直接的行政隶属关系。大学区的行政首长是大学区总长(recteur),代表教育部长领导大学区教育局,负责辖区内的教育管理事务,其主要职责包括:③

(1) 配合地方政府制定辖区内学校教育事业的发展规划;

(2) 分配中学教职人员和教育经费;

(3) 监督检查公立学校的行政、财务和教学事务;

① 吕达,周满生.当代外国教育改革著名文献(德国、法国卷)[M].北京:人民教育出版社,2004:322.

② 同上:318.

③ 霍益萍.法国教育督导制度[M].北京:人民教育出版社,2000:26.

（4）监督合同制私立学校的教学情况；

（5）组织高中会考；

（6）负责中学入学注册和各级学校的学时分配；

（7）管理辖区内的高等学校，等等。

2. 省教育局（départements）

每个大学区下辖若干省，各省教育局便是所在省的教育行政机关，其首长为省教育局长。由于绝大多数省的教育局长是由大学区督学担任的，法国人即以"督学"（academic inspector）相称。这样一种安排自然就使省教育局长成为大学区的派出代表，省教育局长听命于大学区总长也就顺理成章。历史上，省教育局的自主管理权很小，但经过20世纪后期教育行政管理的分权行动，大学区与省教育局之间已经有比较明确的分层管理界限，即大学区主要管理高等教育和高中教育，省教育局侧重管理初中及初中以下的教育事务。省教育局一般下辖数量不等的地方学区。省教育局的主要职能包括：①

（1）管理省内幼儿教育、初等教育和初中教育；

（2）决定小学教师的任用和退休，管理教职人员；

（3）决定初中的教学组织和教学结构，受大学区委托，监管省内高中的运行；

（4）维护学校校舍和教学设施，保证学校生活的正常开展（如必修课的开设，招生标准和学生录取条件的规定，初中学生的方向指导等）；

（5）监管省内合同制私立学校，等等。

3. 地方学区（circonscription）

法国的地方学区是与政府行政架构中的市（municipalities）一级相对应的教育行政管理层，主要对市政区划内的学前教育和小学教育实施管理。

学前教育一直是法国的骄傲，它虽然不在义务教育范围内，却非常发达。1998年，法国的学前教育已覆盖90％的3岁儿童和100％的4～5岁儿童，到2001年，3岁儿童100％都能接受学前教育。按照法国的有关教育法规，学前教育几乎全权交由地方学区管理。

法国小学教育的管理体制较为独特：小学不是一级法人实体，而是地方学区的派出机构，其本身几乎没有什么行政管理职能，学校在行政、经费、人事管理方面都没有自主权。除了教师聘用权理论上由国家保留以外，小学的一般常规管理工作都由

---

① 霍益萍.法国教育督导制度[M].北京：人民教育出版社,2000：27.

地方学区组织实施。按照现有的法律规定,驻地方学区的省国民教育督学(也称"小学教育督学")就是学区内所有小学的领导人。小学教育督学代表国家与地方行政当局打交道,其基本使命是确保国家教育政策在所在地方的贯彻落实,并改进小学教育质量,通过行使组织、指导、控制、评估、激励等职能,全面管理学区内各个小学的招生范围、任务的分配、教师岗位的安排以及其他教学事务。法国的小学教育督学80%以上都具有很好的教育背景和个人素养,他们不仅具有小学教学经历,而且通常都出自小学精英教师群体。小学教育督学下面有一个学区管理团队,辅佐督学开展管理工作。由于在法定的教育行政架构中,地方学区并不作为一级独立的行政机关存在,所以,这个学区管理团队只能作为小学教育督学的工作助手群,而不是一个法定的组织机构,也不存在稳定的组织架构或人员结构,各省甚至各学区都可以有所不同。这个团队通常包括以下人员:行政秘书、教学法顾问、信息技术顾问、外语或本地语教学顾问以及特殊教育方面的助理,等等。①

(二)　地方教育督导概况

法国地方教育督导分大学区和省两级。大学区一级督导机构称地区教学督学团,大学区及省级督学的称谓也与中央级的督学不同(见表4-1),但其督导机构和督学职责与中央督导机构和总督学相仿,只是从中央到大学区、省,督导工作逐步由宏观变为微观,省级督学的督导工作要具体到每一所学校和每一位教师。

表4-1　法国督导机构和督学情况

级别	机　　构	督　　学
中央	总督导署(局)	国民教育总督学(156名) 国民教育行政总督学(60名) 图书馆总督学(4名)
大学区	地区教学督学团	地区教学督学(约600名) 技术教育督学(学区督学)②
省		国民教育省督学(约1 200名) 技术教育督学(约300名) 咨询指导督学(约100名)

资料来源:国家教育督导团办公室.当代中国教育督导[M].北京:人民教育出版社,2007:1048.

---

① O'Brien, P. Enhancing incentives to improve performance in the education system in France: Economics Department working papers, No.570[R]. Paris: OECD Publications Service, 2007:17.
② 技术教育督学实际上是地方教育行政官员,是大学区总长在教学、行政方面的副手。

第二节　法国政府—学校关系变革

一、背景概述

　　与其他西方发达国家相比,法国的教育管理体制颇为独特而自成一体,并以作为中央集权化的经典代表而著称于世。令认真考察过法国教育现状的人常感费解的是,法国教育管理体制中有不少明显阻碍教育质量改进的因素,它们为何会长期不变地延续下来? 其实,这与法国教育中有不甚清晰的任务、暗含悖论的追求以及充满政治敏感性的牵制因素密切相关。法国的教育立法赋予教育三项社会服务的任务:创造人力资本、为劳动力市场输送人才、减少不公平。要检验这三项任务的完成情况,难度非常大。[①] 以目前法国18~25岁青年中高达25％的失业率为例,[②]或许可以指摘教育没有很好地完成"创造人力资本"和"为劳动力市场输送人才"这两项任务,但似乎也可以归因于最低工资标准订得过高的政策。此所谓"不甚清晰的任务"。又如,法国至今未改变的中央教育部统管教师、统一调配教师资源的制度,其原意在于体现公平,也在于彰显法国社会对公平的一贯追求,但就实际效果来看,这一制度反而带来许多教师管理分权化国家所没有的不公平。此为"暗含悖论的追求"。再如,从17世纪起,法国的教育就是被作为国家的政治杠杆来运用的。[③] 这一传统沿袭至今,形成了教育问题与意识形态纠缠得过于紧密的局面。虽然国家统管教师的制度早已显得僵化不已,尽管督学对一线教师的直接督察和评估早已力不从心,但由于教师管理的政治敏感性,教师工会及其他政治力量对此坚决捍卫;尽管人所共知,法国高中教育质量问题严重,高中教育非改不可,但2008

[①]　O'Brien, P. Enhancing incentives to improve performance in the education system in France: Economics Department working papers, No. 570[R]. Paris: OECD Publications Service, 2007: 31.

[②]　郑若麟. 高中改革, 敢得过示威冲击吗[N]. 文汇报, 2009 - 10 - 22(6).

[③]　Cros, F. and Obin, J. Attracting, developing and retaining effective teachers: Country background report for France[R]. Paris: Publications Service, OECD, 2003: 10.

年的高中教育改革方案却遭到强烈抵制,并因数周的示威游行而使改革流产,教育部长下台。[①] 这便是法国教育中"充满政治敏感性的牵制因素"。当然,在这个变革的时代,一个国家的教育管理体制毕竟不可能完全凝固不变,法国的教育管理体制自然也在变革之中。只是这种变革的进程常为"不甚清晰的任务"、"暗含悖论的追求"以及"充满政治敏感性的牵制因素"所牵累,显得更为缓慢而谨慎。

　　法国的教育管理体制改革实际在 20 世纪 60 年代就已经开始,例如,"1964 年,学区的人事管理权增加;1970 年,中央将学校建筑权分别委托给了学区和省;1972 年,职业技术教育的管理权下放到学区和省;1979 年,各省对初等教育管理权限扩大",等等。[②] 20 世纪 80 年代以来,这种改变集权体制的分权化改革得到进一步的推进。纵观法国最近二十余年的教育管理体制改革,其中不乏政—校关系变革的内容,主要包括政府—小学关系变革、政府—中学关系变革、跨越传统层级的干预及学校招生政策的变革尝试等四个方面。

二、政府—学校关系变革的主要内容

(一) 政府—小学关系变革

　　如前所述,法国的小学教育管理体制颇为独特,其独特性在于:虽然小学机构存在,但它不是办学实体,而是学区派出机构;小学的校舍、设备以及其他后勤服务虽然由市政当局出资提供,但小学系统的管理工作由地方学区组织实施;虽然小学设有校长,但校长形同虚设,小学教育督学才是学区内所有小学的真正领导人。加之小学教师的聘用、薪酬、评估、解聘等一系列管理权是由中央或大学区掌控的,因而从政—校关系的角度看,小学完全不是独立存在的办学机构,几乎就是政府的派生部分。这种奇特的政—校关系不仅有违现代办学常理,而且给小学管理实践带来诸多不便。传统上,法国小学的规模通常都比较小,乡村小学尤甚,一校一班的情况司空见惯。统计数据显示,一个学区的小学教育督学平均要管理 300 名教师,而这 300 名教师分布于 30~70 所不同的小学中。[③] 对小学教育督学而言,这样的管理幅度实在是力所不

①　Estelle Shirbon. Sarkozy aims to reform French schools, avoid protest[EB/OL]. http://www.reuters.com/2009-10-13.

②　单中惠.外国素质教育政策研究[M].济南:山东教育出版社,2004:189.

③　Cros, F. and Obin, J. Attracting, developing and retaining effective teachers: Country background report for France[R]. Paris: Publications Service, OECD,2003:17.

及,管理工作自然不可能到位。况且,随着法国社会对小学教育要求的变化,小学教育督学的具体职责也在不断增加,其工作负荷已与以前不可同日而语,在应对管理事务上就更是捉襟见肘了。如此的现实,迫使政府不得不对政府—小学关系加以变革。1998年,法国政府推出政—校关系变革政策,让一些小学组合起来,形成一定规模的学校联合体,共同组成专业委员会,使其能够组织交流教学法,进行教师带教培训以及管理教学设备和教学资料,并将部分日常运作经费权交给它们自行管理。只要学校联合体内的实际班级数达到16个,就设1位专职主任,这样,联合体的主任就担负起实质性的管理责任,法国政府还专门拨款为这些主任发放管理人员津贴。当然,这种变革必须在国家课程框架和规定的学习质量标准下进行,学校联合体的教学法或其他教师专业培训活动也要接受地方学区教学法顾问或其他专家的指导。

(二) 政府—中学关系变革

法国的中学教育质量长期受到各方质疑,这与中学教育管理体制的弊病不无关系。按照一般常识,教育质量与教师管理方式有相当的关联性。而法国的中学教师管理方式是过度集权于政府的典型。传统上,法国的中学及其校长既无教师的聘用和解聘权,也缺乏评估教师工作绩效的主导话语权。法国中学教师的考核评价体系较为复杂,分学校的和政府两条线进行:一是每年由校长对教师一般的专业技能、专业态度、专业能力进行考核;二是由督学通过课堂督察,对教师的教学素养进行考核评价。由于法律规定,政府的督学握有对教师的根本监管权,因此,督学的课堂督察对教师的职业生涯发展具有真正的决定作用,而校长对教师的考核只不过是一种微不足道的补充,其实际影响力自然就微乎其微。然而,就在督学对教师的督察评估举足轻重的情况下,督学的督察行为却又存在两个重大缺陷:一是督学只是通过课堂听课对某教师的专业水平进行评估,而并不深入关心该教师的课堂教学最终给学生的学习带来什么样的结果;二是相对于庞大的教师队伍,督学的人力十分有限,根本无力对所有教师实施年度考核,有25％的中学教师甚至连续8年或8年以上没有轮到被督察,加之督学工作上的繁文缛节以及求和倾向,使得这种督察评估具有很大的局限性和不公平性。① 可以说,法国政府—中学关系的失衡,使得中学教师管理弊端丛生,并成为阻碍法国中学教育质量提高的一个重要原因。于是,教师管理背后的政府—中学关系变革就变得不可避免了。近年来,在教师管理方面,政府的政策确实出

① Cros, F. and Obin, J. Attracting, developing and retaining effective teachers: Country background report for France[R]. Paris: OECD Publications Service, 2003: 58.

现了一些松动。比如,校长已开始有权自主聘用教辅人员,甚至某些试点地区已经规定,校长可以决定聘用什么类型的教师。这表明,政府对中学教师的管理较之前更为灵活,中学自主管理的基本趋向也已显露端倪。然而,受社会政治、文化等多种因素的牵制,政府—中学关系变革要比政府—小学关系变革更为复杂而艰难。一方面,历史上教师工会曾经成功地抵制了由校长负责教师评价的提议,目前,如果没有新的力量介入或新的机遇出现,想要颠覆既定的教师评估方式,难度极大;另一方面,由于中央和大学区掌控教师管理的法定地位并没有根本改变,因此,现有的教师管理政策松动只不过是政府执法过程中的一些微调而已。这就决定了以教师管理体制为标志的政府—中学关系变革只能缓慢、谨慎地推进。

(三)跨越传统层级的干预

由于社会历史和经济文化等诸多原因,法国各地区之间的教育质量落差比较显著。在一些社会问题高度集中的地区,教育质量长期不能达标,学业失败儿童的人数庞大,而且由此形成一种不良的社会循环,即父辈当年的学业失败及成年生活的窘迫在其后代中一再复制,成为长期困扰政府和民众的一个社会顽疾。1982 年,法国政府推出"教育优先区"(Zones d. éducation prioritaire)计划,将那些社会条件不利地区划为教育优先区,旨在通过政策优惠和资源倾斜,改进这些地区的教育质量,打破由来已久的不良社会循环。教育优先区的确定以某个区域内国家考试成绩、留级率、肄业学生数量等学业表现指标以及平均家庭人口规模、失业率人口中的移民人口比例等指标为依据。被确定为教育优先区的地区不仅能够获得较多的物质资源,而且能够享受三项优惠政策:第一,区内 2 岁儿童都可以享受免费的学前教育,以便处境不利家庭的子女能够更早地接受正规的学前教育,为降低小学阶段学业失败率打好基础;第二,缩小班级规模,提高学校师生比,从而增加教师对学习困难学生的个别辅导,并可以对学业不良的学生实施个别化的方向指导教育计划;第三,对区内教师实行特别津贴制度和职业生涯晋升加分制度,既提高教师待遇,又加快了职业晋升速度。1998—1999 年,法国政府又推出教育优先区计划的"升级版":"教育优先网络"(Réseaux d. éducation prioritaire)计划,把教育优先区的政策扩展到那些虽不在优先区内但存在明显问题的学校,从而将更多的学校纳入优先支持的范围内。到 2004年,法国已有 1/5 的初中生在教育优先区或教育优先网络内的学校就读。然而令人遗憾的是,从 1982 年到 1992 年实施教育优先区计划的第一个 10 年中,该计划在整体上对学生学习结果的改善却十分有限。其原因之一是,教育优先区学校所获得的资源仅比非优先区学校平均多了 10%。以班级规模为例,优先区学校平均为 21.3

人,而非优先区学校为23.2人。如此微弱的资源优势,当然难以给学生学习结果带来重大影响。[1] 导致教育优先区计划效果不理想的第二个原因是,进入优先区的教师虽然能获得特别津贴,但这种津贴在数额上还不足以吸引优秀的资深教师,毕竟教育优先区学校的纪律问题、校园暴力以及大量学业不良学生的存在,会使许多优秀教师望而却步。教育优先区的教师优惠政策倒是能够吸引那些资历浅的教师,他们不仅是为了获得津贴,更是为了提高自己专业生涯的积点。不过,他们只愿意在优先区过渡一段时光,在攒够资本后即快速离去。结果,教育优先区的教师离职率和流动率都高于其他地区。更具有讽刺意味的是,教育优先区的教师优惠政策在未能充分吸引优秀教师进区任教的同时,却实实在在地留住了区内一批素质不佳的教师,他们因享受着额外的津贴而根本不愿离开教育优先区。教育优先区计划效果不理想的第三个原因是"标签效应",也即一个地区一旦被定义为教育优先区,实际上就被贴上了"问题教育区"的标签。"标签效应"对家长的影响是明显的:只要有选择的机会,家长都会选择离开这个地区,而其他地区的家长当然也不愿意轻易迁入。[2] 法国政府显然已经意识到上述问题,从2006—2007学年开始实行教育优先区等级区分政策,将教育优先区分为一等优先区、二等优先区和三等优先区,而且实行动态分等,即根据统计数据的变化,优先区的等级可以升,也可以降,甚至完全退出教育优先区计划。不同等级的优先区所获得的支持力度不同,优先等级最高的地区获得最大力度的支持,并且同一优先区内的学校也可因实际状态不同而获得不同程度的支持。与此同时,强调对学校提出明确的改进目标,签订改进协议,甚至允许学校进行有关的实验探索等。

教育优先区计划的出台与实施,实际上是对传统教育行政运作方式的一种突破。该计划构筑了一条中央政府跨越传统的教育行政层级,直接干预基层学区(教育优先区甚至跟原本学区的区划并不一致)或者直接与学校对话的快捷管理通道。从教育管理体制的角度看,教育优先区计划的本质也属于一种政—校关系变革举措。

(四) 学校招生政策的改革尝试

传统上,法国的学校招生政策一直比较刻板而僵硬。近年来,因中学教育质量长

---

[1] Ministry of Education. L. évolution du système éducatif de la France. Ministry of Education report for UNESCO,2004. 转引自: O'Brien, P. Enhancing incentives to improve performance in the education system in France: Economics Department working papers No. 570 [R]. Paris: OECD Publications Service,2007: 23.

[2] O'Brien,P. Enhancing incentives to improve performance in the education system in France: Economics Department working papers No. 570[R]. Paris: OECD Publications Service, 2007: 22 - 23.

期未得到提高的压力,并受美、英等国教育改革的影响,法国政府试图在学校招生政策方面进行小幅度的改革尝试。表面上看,这方面的改革与政—校关系变革的关联似乎不甚紧密,而实际上,若没有一定程度的政—校关系变革,这项改革是难以取得成功的。

　　法国的义务教育年龄为 6~16 岁,包括 5 年小学和 4~5 年的初中教育。初中实行综合教育,不按能力编班,在 15 岁之前,也不作发展定向。在招生政策上,只有极少数精英初中可以挑选生源,一般情况下,学生都是就近划区入学,家长不能选择学校,学校也不按能力选择学生。考虑到要让学生进入最适合他们的学校学习,同时也为了促进学校之间的竞争并最终提升公立学校的办学质量,法国开始谨慎尝试实行家长自由择校的政策。然而,这一招生政策的改革尝试并未取得预想的效果。择校问题研究者霍克斯比(C. Hoxby)分析道,家长自由择校政策的成功需要三个配套条件。一是生源的弹性配置,即允许热门学校扩容,同时关闭无人问津的学校。如果没有这个政策,那么最好的结果是部分学生可以找到最适合他们的学校,最不好的结果则是人人都被自由择校政策搅得苦恼不堪,而对学校不会有什么实际的绩效改善。二是经费跟着学生走,就是要以经济杠杆来激发学校扩大办学或避免丢失生源的动机。当然,对跟着学生走的经费须作合理而精确的计量。三是学校拥有相当程度的经费和人事方面的自主管理权。① 在霍克斯比提出的三个条件中,只有第二个条件在法国的招生改革政策中有部分体现。其实,霍克斯比的三个条件都与政—校关系有关。只有进一步改变法国政—校关系现状,霍克斯比的另两个条件才能得到满足。而这样的变革短期内还不太可能在法国发生。

三、政府—学校关系现状描述

　　法国的教育管理体制始终给人以高度中央集权的印象,而实际上,最近 20 年来已发生不少变化,许多管理权从中央下放到了地方教育行政机关,但学校的自主权还是很小。不过,在国家课程框架和规定的学习质量标准下,学校(甚至教师)在教学法和教材组织方面仍拥有较大的自由度。OECD 和欧盟委员会的两份统计数据从一个

---

① Hoxby, C. School choice: The three essential elements and several policy options. New Zealand Education Forum, Wellington, August. 转引自: O'Brien, P. Enhancing incentives to improve performance in the education system in France: Economics Department working papers No. 570[R]. Paris: OECD Publications Service, 2007: 25.

侧面展示了目前法国政—校关系的概貌。

（一）来自 OECD 的量化描述（2008 年）

根据 OECD 2008 年公布的各成员国初中阶段公立学校事务自主决策状况的调研统计资料,表 4-2 和表 4-3 分别显示了法国的公立学校在教学组织管理、人事管理、规划与结构管理、资源管理四个方面的决策权在中央、地方和学校三个层面的配比状况,以及公立学校事务综合决策权在中央、地方和学校三个层面的一般配比状况。

表 4-2 法国公立学校管理事务决策权配比状况 *

管 理 项 目	中央(%)	大学区(%)	省(%)	学校(%)	合计(%)
教学组织决策权	11	0	11	78	100
人事管理决策权	63	25	0	13	100
规划与结构决策权	33	0	33	33	100
资源决策权	0	0	67	33	100

资料来源：OECD. Education at a glance 2008[R]. Paris：OECD Publications,2008：489-490.
* 表中部分栏目分项之和超过或不到 100,OECD 原文如此,或因四舍五入所致。

表 4-3 法国公立学校事务综合决策权配比状况

	中央(%)	大学区(%)	省(%)	学校(%)	合计(%)
综合决策权	27	6	28	39	100

资料来源：OECD. Education at a glance 2008[R]. Paris：OECD Publications,2008：488.

（二）来自欧盟委员会的分类描述（2009 年）

根据欧盟委员会 2009 年 6 月发表的《2009 年欧洲教育主要数据》,法国小学与初中阶段公立学校的自主管理现状如表 4-4、表 4-5 和表 4-6 所示。

表 4-4 法国公立学校人力资源自主管理状况

管 理 项 目	完全自主管理	有限自主管理	无自主管理
校长的遴选			√
校长的职责规定			√

续　表

管 理 项 目	完全自主管理	有限自主管理	无自主管理
教师的招聘			√
代课教师的聘用		√	
教师的解雇			√
教师的职责规定			√
教师超时报酬的发放		√	
教师超职责范围工作报酬的发放		√	

资料来源：European Commission. Key data on education in Europe 2009[R]. Brussels：Eurydice, 2009：79.

表 4-5　法国公立学校财金资源自主管理状况

管 理 项 目	完全自主管理	有限自主管理	无自主管理
公共资金的使用			
固定资产收支			√
日常运转开支		√	
电脑设备的添置		√	
筹资及私源经费的使用			
经费筹集	√		
课余时间的校舍出租	√		
借贷			√
私源经费的稳定获取			√
私源经费的不稳定获取	√		
用私源经费聘用教学人员			√
用私源经费聘用非教学人员			√

资料来源：European Commission. Key data on education in Europe 2009[R]. Brussels：Eurydice, 2009：79.

表 4-6 法国公立学教学内容与教学过程的自主管理状况

管 理 项 目	完全自主管理	有限自主管理	无自主管理
课程的指定教授内容			√
课程的选授内容		√	
教学方法的选择	√		
教科书的选择	√		
必修课的学生分层依据		√	
校内考试标准的制定		√	
学生留级与否的决定	√		
资格证书考试内容的设定			√

资料来源：European Commission. Key data on education in Europe 2009[R]. Brussels：Eurydice，2009：80.

第五章 —— 澳大利亚政府——学校关系变革

第一节 澳大利亚教育行政体制的
基本架构

澳大利亚虽位于亚太地区,但其人口的主体是盎格鲁—撒克逊人的后裔,其主流文化和行政体制也是西方式的。澳大利亚的历史虽然可以上溯到 4 万年前人类第一次在澳洲大陆北岸定居时期,但其有文字记载的历史是从 17 世纪初欧洲探险家来到澳洲大陆后才开始的。1606 年,一艘荷兰探险船首先到达澳洲大陆。之后,荷兰、法国和英国的探险家们纷至沓来。1788 年,英国殖民者在澳洲大陆东南部建立了第一个殖民地,主要用于流放英国本土的犯人。1901 年,澳大利亚宪法颁布,英国在澳的几个殖民地联合起来,组建了澳大利亚联邦,允许各州享有程度较高的自治权,基本实行分权制性质的行政管理体制。1931 年英国颁布《西敏寺法令》(Statute of Westminster),使澳大利亚获得了独立的宪政。1951 年《美澳新安全条约》(The Australia, New Zealand, United States Security Treaty, ANZUS)的签订,1973 年白澳政策(White Australia Policy)被彻底废除后大量亚太移民的涌入,以及 1986 年澳大利亚法案对澳大利亚从属于英国关系的终结,大大减弱了英国对澳大利亚的唯一传统影响,于是,一个以英美文化为主导的多元文化社会逐渐形成。澳大利亚的这一独特历史与国情,既造就了它与英、美相近的教育行政管理体制,又使其体制背后的变革张力要比许多欧洲国家更强烈一些。

一、联邦层面的教育管理

(一)联邦教育部的目标与职能

澳大利亚联邦教育行政机关的名称和职能曾几经变动,目前联邦教育部的全称为"教育、就业与工作场所关系部"(Department of Education, Employment and Workplace Relations,以下简称"联邦教育部"),其管理范围涵盖儿童的早期教育与保育、普通中小学教育、职业技术教育(包括成人技术培训)、高等教育、青年事务、社会就业及劳动关系与保障等六个领域,也即有关从学前儿童一直到成人员工的学习和成长的事务

都在其管理视野之内。总体上,联邦教育部围绕以下六项基本目标开展工作:①

(1) 让所有澳大利亚人能在一个全纳的社会共同体内充分发挥潜能,并参与到有益的经济和社会生活之中;

(2) 建设一个从学前教育到技能培训及高等教育的平等而畅通的教育系统,促使每个人都能在其中得到成长与发展;

(3) 提高劳动者的参与度,促成公平而富有成效的工作经历;

(4) 为构筑未来的经济繁荣,提高国际竞争力,通过技能培养和就业增长来开发国家的经济潜质与能力;

(5) 积极与用户和各方利益关切者联合,确保服务、咨询及各种资源对这些群体的需求作出回应;

(6) 在开发国家经济潜能方面探寻目标明确、富有创意的有效解决方案。

目前,澳大利亚联邦教育部的领导团队由 3 位部长和 2 位政务次长组成。在 3 位部长中,茱莉亚·吉拉德(Julia Gillard)是联邦政府副总理兼任部长,无疑就是教育部的最高领导。② 在联邦教育部领导团队之下,还有一个行政执行团队,分别为秘书长 1 人、副秘书长 4 人以及秘书长助理若干,这个行政执行团队是联邦教育部日常行政事务的实际管理者。其中,秘书长全面负责管理教育部的日常工作,4 个副秘书长分别主管早期教育与保育、普通中小学教育、高等教育及职业技术教育、就业及工作场所关系四方面的工作。

如前所述,澳大利亚实行的是分权程度较高的教育管理体制。在这个体制下,联邦与地方之间的教育管理权限分享情况大致处于英国和美国之间的中间状态,即联邦政府既拥有对全国教育事业的领导地位,又把许多具体的教育管理决策权保留给了地方政府。这个体制特征决定了澳大利亚联邦教育部机构设置和工作方式上的一些特点。一方面,联邦教育部的机构编制庞大,除首都本部之外,还在全国各地设立了 70 多个办公机构或办事点,其中本土设有 50 多个,海外设有 26 个,在编员工总数达 6 000 人;另一方面,联邦教育部基本不对地方实施直接指挥,而是通过一些间接的方式来行使领导和协调职能,包括:③

(1) 为国家的教育政策和教育决策提供建立在研究、分析和评估基础上的咨询意见;

(2) 对国家的教育项目进行有效的管理;

<hr>

① DEEWR. About us [EB/OL]. http://www.deewr.gov.au/2009 - 05 - 30.
② 吉拉德已于 2010 年 6 月离任教育部长,出任首相。
③ DEEWR. School education summary [EB/OL]. http://www.deewr.gov.au/2009 - 05 - 30.

（3）与各州政府、州教育部以及非政府教育团体、工业界、社区组织等各种教育关切团体建立有效的工作关系，等等。

（二）联邦—地方合作与协调平台

就联邦教育部对全国教育事业的领导以及联邦—地方的合作与协调而言，最有影响力的工作平台便是"教育、就业、培训与青年事务部长理事会"（Ministerial Council on Education, Employment, Training and Youth Affairs, MCEETYA）。该理事会的主要职能如下：①

（1）协调全国的战略性教育政策；

（2）磋商并制订有关联邦与州之间原则性的教育权责协定；

（3）就国家教育报告中有关联邦和地方达成的教育目标和工作重点，协商、确定联邦与州各自担当的责任、信息的分享、资源的合作利用等问题；

（4）就全国的教育结构问题进行沟通、协调与合作；

（5）共同起草并发表年度国家教育报告。

二、地方层面的教育管理

（一）州层面的教育管理职能

澳大利亚由本土的新南威尔士、维多利亚、昆士兰、南澳、西澳、塔斯马尼亚州、北方领地、首都直辖区共8个州级区域以及若干海岛区域组成。其地方教育管理主要落在州的层面。在州和基层学校之间，虽然还设有地区（region）、学校网络（cluster）等若干管理层级，但均为州教育部的派出机构，其性质、职能不同于美国的学区，没有相对独立的教育政策决定权。

州教育部由部长领导，一般下设若干名副部长，具体分管教育部各个职能部门的工作。在州教育部之下，根据各州的行政区划，设有数量不等的地区教育局。由于地区教育局不是法定的一级教育行政机关，而只是州教育部的派出机构，所以地区教育局一般不设局长职位，州教育部派驻各地区的部长助理就是地区教育局的行政首长。各州教育部的管辖事务和管理职能虽大体相同，但由于澳大利亚各州之间在面积、人口、学校和学生数方面有较大的差别，因而各州教育部的机构设置往往不尽相同。像

---

① DEEWR. MCEETYA. [EB/OL]. http://www.deewr.gov.au/2009-05-30.

新南威尔士州教育部下设行政事务、规划、财务、审计、课程、质量保障、特殊教育、法规服务、沟通与营销、人力资源开发、管理信息服务、人事与就业关系、资产等十余个职能部门,而维多利亚州教育部则仅设 5 个职能办公室:儿童及儿童早期发展,公立学校教育,政策、研究与创新,资源与基建,规划、战略与协调。各州教育部的职能大体相近,但具体细节上有所不同。以维多利亚州教育部为例,其基本职能有四项:①

(1) 为州教育部长提供政策建议;

(2) 贯彻实施州政府有关早期教育服务的政策;

(3) 贯彻实施州政府有关各级学校教育的政策;

(4) 管理本州的公立中小学教育,并推动这些学校教育工作的持续改进。

在州层面的教育管理机构体系中,除了行政职能部门之外,一般还另设若干专业性很强的业务机构,负责中小学专业人员的水平认证,课程、考试、毕业标准的制订,毕业证书颁发以及教育内部违纪裁决等专门事务。

(二) 州与联邦的权责分配

在教育经费承担方面,澳大利亚不是分权化程度非常高的国家,联邦政府必然要分担相当比例的教育经费。根据有关法律及惯例,澳大利亚联邦和地方政府所承担的经费对象各有分工和侧重。联邦政府承担大部分高等学校的办学经费,同时为公立中小学、职业技术教育机构的办学提供补充经费,也为非公立学校办学提供经费支持;州政府主要负担公立中小学、职业技术教育机构的办学经费。由于公立中小学总经费的 85%～90%是由州政府承担的,因此中小学教育的行政管理实权掌握在各州教育部手中(见表 5-1)。

表 5-1　澳大利亚联邦与州的权责分配情况

各级各类教育	政策	经费提供	管 理 者
学前教育	分享	以州为主	州 非政府办学团体 社区
普通中小学教育 ● 公立学校 ● 私立学校	分享	● 以州为主(85%～90%) ● 以联邦为主(70%～75%)	州 非政府办学团体

① Victoria DEECD. Department of Education and Early Childhood Development annual report. 2007 - 2008[R]. Melbourne:DEECD Print,2008:10.

各级各类教育	政策	经　费	管　理
职业技术教育	分享	以州为主	以州为主
高等教育	分享	以联邦为主(56%)	在政策框架内， 大学自主管理

资料来源：DEEWR. Higher education at the crossroads：Ministeral dicussion paper(2008)［EB/OL］. http：//www. deewr. gov. au.

第二节　澳大利亚政府—学校关系变革

一、背景概述

　　传统上，澳大利亚的公立学校是在一个科层化的管理体制内运行的。一方面，学校自主决策权很小；另一方面，政府也没有为学校设置问责制度，学校领导的首要任务不过是维持学校运转而已，办学绩效平平是公立学校的普遍状态。20 世纪中后期，受西方社会追求教育卓越、问责学校效能潮流的影响，教育改革的呼声日渐高涨。1990年，在澳大利亚教育理事会(Australian Education Council, AEC)的年会上，当时的联邦教育部长约翰·道金斯(John Dawkins)就表达了多方面的教育改革设想。1991 年 2月，道金斯正式启动旨在重建教师专业性、应对教师士气低下和改进教学质量的全国性计划。同年，道金斯又与各州教育部长联手，发起"有效学校工程"。① 这一系列的研究项目和改革计划，为当时的澳大利亚营造了一种全国性的改革氛围。不过，澳大利亚毕竟是一个分权制国家，真正的教育管理体制改革必然发生在州及州以下层面，政府与学校关系的变革也主要体现在州教育部与地方基层学校之间关系的变化上。

　　1989 年，新南威尔士州首先推出名为"以学校为中心的教育"的改革计划，提出

---

① 　AEC. National report on schooling in Australia［R/OL］. http：//www. aec. org. au/1991 - 12 - 30.

把部分权力和责任下放给学校的构想。之后,其他一些州也先后在教育管理体制上进行了程度不同的改革,这些改革几乎都导致了政—校关系的变化。

1992 年,维多利亚州推出了名为"未来学校"的教育改革。维多利亚州教育部推动这场改革的目的是为了抓住信息革命的时机,帮助每一个儿童发挥其潜能,为儿童的未来发展提供最佳机会。为此,州教育部采取了八项改革策略:①

(1) 重点在于学生和学校,而不在于教育行政系统本身;

(2) 通过改进挑选和培训校长的方法,为学校提供出色的领导;

(3) 为校长松绑,包括去除工会对学校的控制等;

(4) 通过地方挑选和专业发展制度,使校长能够组建一支良好的教师队伍;

(5) 赋予学校行政和财政自治权;

(6) 为学校的各教育阶段制定课程及课程标准框架;

(7) 对学生的成就和学校的财政运作制定一个恰当的问责框架;

(8) 使教师和学生关注信息技术在学习中的强大作用,提供信息技术运用方面的培训,帮助学校获得必要的硬件设备。

在上述八项改革策略中,至少有 5～6 项策略涉及政—校关系的直接调整,其余诸项也与政—校关系调整间接有关。在当时,维多利亚州这场持续 5 年的教育改革被认为是全澳最激进、走得最远的改革,也是政—校关系调整面最广的改革。② 当然,澳大利亚各州的分权化程度不尽相同,有的州的集权化程度至今仍然比较高,学校没有多少自主权。不过,澳大利亚经济、文化最发达的几个州始终是政—校关系变革最活跃的地方,总体上代表这个国家政—校关系变革的趋向。

二、政府—学校关系变革

如前所述,澳大利亚的地区教育局不是一级行政机构,而只是州教育部派驻地区的机构,所以从法律关系上说,学校直接对州教育部负责。因而,所谓政—校关系变革,主要体现在州教育部与学校之间的权责调整。这种权责调整的具体表现是:一

---

① Caldwell,B. and Hayward,D. The future of schools[R]. The presentation at the Annual Conference of the BEMAS. Cambridge University, September 19 - 21,1997.

② Davis,B. Developing leaders for self-managing schools:The role of a principal center in accreditation and professional learning [C]//Hallinger (Ed.). Reshaping the landscape of school leadership:A global perspective. Lisse:Swets & Zeitlinger Publishers,2003:145 - 162.

方面,州教育部将部分管理权下放到学校;另一方面,州教育部设置一定的制度并运用一定的手段,加强对学校的绩效问责。

(一) 政府的放权与问责

在维多利亚州"未来学校"改革时期,政府权力下放的力度较大,90%的学校预算经费都交由学校自主支配,工会对学校的传统控制也被去除,学校获得了很大的自主管理空间。与此同时,维多利亚州的大部分学校纷纷建立自己的章程,以保证学校在一个愿景明确、目标清晰、责权分享、制衡得法、运作有序的自主管理框架内运行。学校的校长由地方遴选,其标准主要是看候选人在达成学校章程所规定的目标和组建有效的教师队伍方面是否具有相应的能力;任命每个校长时都要与其签订个别化的有固定期限的合同,以便作为校长工作绩效评议的依据;绩效评议的结果与校长的工资晋升挂钩,同时提供帮助校长改进工作的培训;校长负责对教师的选聘以及对教师工作绩效的考评。政府下放的权力并非由校长独享,而是强化学校理事会(school council)的管理作用。学校理事会必须有家长代表加入,家长代表的选举标准由家长自己制定。家长代表参加学校理事会会议时,有权参与讨论和询问学校的运作情况。与此同时,家长们还参与学生的部分学习活动,与教师共同为孩子制订个别化学习改进计划。学校纷纷建立家—校计算机连接系统,便于家长了解学校信息和孩子的学习情况。维多利亚州这场持续5年的"未来学校"改革,是在当时执政的工党教育部长唐·海沃德(D. Hayward)力主下实施的。当年"未来学校"所形成的政—校关系,因历经数次政党执政轮替和教育部长人选更迭而有所变化,但其基本格局和格调还是延续了下来,并在一定程度上影响全国政—校关系变革的走向。例如,维多利亚州《2004年学校辅助法》(Schools Assistance Act 2004)赋予校长在教师聘用上较多的自主权。之后,维多利亚州的这一法律规定得到"教育、就业、培训与青年事务部长理事会"的认同,并向其他各州推荐。

当然,政府权力的下放始终是与绩效问责联系在一起的。在"未来学校"改革时期,维多利亚州政府已建立了学校财务及教育质量的问责制度,要求学校同时向地区教育局和社区(家长)提交年度报告,并接受社区(家长)代表的质询等。随着政—校关系变革实践的发展,政府对学校的终结性绩效问责逐渐与监控学校的运行过程结合起来,并且主要通过若干监控载体来实现问责与监控的结合。

(二) 政府的四个监控载体

政府在下放权力的同时,加强了对学校的监控与问责。政府的监控手段多种多样,其中,最低标准、学校规划、自我评估、专业制导是常见的政府监控载体。

1. 最低标准

在设置最低标准方面,维多利亚州的做法较为典型。2006 年,该州出台《2006 年教育与培训改革法》(The Education and Training Reform Act 2006)。该法规定,学校的教育活动必须在一个基本框架内开展,那就是要有利于支持和促进澳大利亚的民主原则,包括遵守法规、法律面前人人平等、宗教信仰自由、言论自由、结社自由以及恪守开放与宽容的价值观。在此基础上,政府在下列七个方面对学校设置最低标准,[①]这七个最低标准既是政府监控学校运行状况的依据,也是阶段性问责的基本指标。

(1) 学校管理方面(办学指导思想、学校的非盈利者身份等);

(2) 学校招生入学方面(在校生数、入学政策、招生注册办法等);

(3) 课程与教学方面(课程结构、学生学习结果、学生学业表现的监控与报告);

(4) 学生福利方面(对学生的关心、学生安全、学生权利保障、学生纪律规则与程序、对学生出勤的监控、学生考勤等);

(5) 员工的聘用方面(教师的工作要求以及对有关法规的遵守等);

(6) 学校硬件设施方面(校舍、设施设备、场地、教具等);

(7) 信息传递方面(反映学校表现的信息渠道必须畅通)。

2. 学校规划

在澳大利亚,大多数州都要求学校领导与教职员、社区一起制订战略发展规划,明确表达学校的发展目标,也要求学校提交向公众发布的年度报告,详细说明目标实现情况。例如在昆士兰州,政府要求学校围绕三个重点制定学校的绩效目标,并对目标实现情况作年度报告。报告必须包含三个重点内容:[②]

(1) 报告主要学习领域的全州统考和学校考试结果,学生、家长的满意程度以及学校在教学上有什么跟进措施;

(2) 报告学生的出勤率以及八～十二年级学生辍学率的数据;

(3) 报告员工对学校满意度的数据,并报告员工的专业技能水平与教育行政重点工作是否适应、匹配的情况。

按照政府的要求,上述三项内容还必须基于客观的数据以及学生、教师、家长的

---

① DEEWR. Victoria government schools guide [EB/OL]. http://www. deewr. gov. au/2008 - 01 - 30.

② Anderson, M. et. al. Australia: Country background report[R]. Canberra: Commonwealth of Australia, 2008:29.

问卷结果。政府对各所学校的报告进行汇总,并在地区内的学校间进行比较。

3. 自我评估

在维多利亚州,政府专门设置了一个"学校问责与改进框架"(school accountability and improvement framework),对学校的办学质量进行监控与督促。这个框架由四部分组成:①

(1) 通过学校四年一轮的战略规划和年度实施计划来规划学校的改进目标与策略;

(2) 通过来自学校内部的学校自我评估(school self-evaluation)和来自学校外部的学校评议(school review),评价学校的进步情况;

(3) 通过学校给社区的年度报告,向利益关切者报告学校的进步情况;

(4) 通过学校"遵纪守法一览表"(compliace checklist),检验学校控制风险和遵守政策法规的情况。

依据维多利亚州政府的"学校问责与改进框架",在学校四年战略规划实施的最后一年,学校既要进行自我评估,又要接受来自校外的学校评议。按规定,学校的自我评估在前,学校评议在后。根据维多利亚州教育部《2009 年学校自我评估指南》,学校自我评估必须围绕五个问题展开:②

(1) 我们所追求的学生培养结果是怎样的?

(2) 实际的培养结果是怎样的?

(3) 我们为何在学生培养结果上有了改进或没有改进?

(4) 就支持学生培养结果的改进而言,我们的资源管理效率如何?

(5) 我们今后还应怎样继续改进学生培养的结果?

这里的所谓学生培养结果(student outcomes),主要包含学生在三个方面的学习和成长情况:③

(1) 个人身心成长和社会性学习结果,包括体育与健康教育、人际交往学习、个性的成长与发展、民事常识与公民教育的结果;

(2) 学科性的学习结果,包括英语、数学、理科等学科课程的学习结果;

(3) 交叉学科的学习结果,包括信息沟通技术、创意与技术、思维等综合性交叉学科的学习结果。

---

①   Victoria DEECD. School self-evaluation guidelines 2009[M]. Melbourne:State of Victoria,2007:3.

②   同上:4.

③   同上:12.

　　学校自我评估与外部专家实施的学校评议不同,它的一个重要目的是,促使学校所在社区对学校的办学质量和发展情况有一个系统的认识。通过学校员工、家长及社区成员共同参与的学校自我评估,要让各方利益关切者意识到学校的进步,庆贺学校的成功。同时,也要让各方利益关切者关注那些本来可以做得更好的方面,或者关注学校的哪些方面在哪些因素的影响下取得了理想的结果。学校自我评估的价值在于促使学校和社区内部的深度讨论,最终递交的学校自我评估报告正是这种讨论的结果或结论。与此同时,自我评估报告将成为地区教育局领导与学校讨论问题的基础,也是外部专家评议学校的基础。按规定,外部评议专家最晚应在评议活动开始之前两周收到学校的自我评估报告文本。从本质上说,学校自我评估虽仍然是政府监控和问责学校的一个载体,但它同时又是一个引导当地各方利益关切者共同监控学校运行并关心学校发展的一个载体。学校自我评估报告的编制流程如图5-1所示。

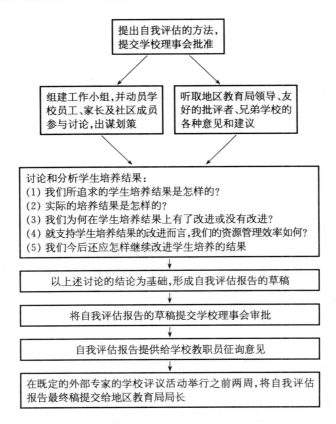

图5-1　澳大利亚学校自我评估报告的编制流程

资料来源:Victoria DEECD. School self-evaluation guidelines 2009[M]. Melbourne:State of Victoria. 2007:5.

4. 专业制导

所谓专业制导,是指政府通过建立专业机构和制定专业标准等手段,将学校的办学行为限制在一定的专业框架内,同时对学校的办学行为作专业方向的导引。以维多利亚州为例,2000 年后设置了三个重要业务机构:课程与考试委员会、教学委员会、注册与资格委员会。从这三个机构的功能可以看出,在政府下放权利,学校实施自我管理的同时,政府对学校的办学行为和专业活动的标准、规范、资格审核更为严密而专业化了。

(1) 课程与考试委员会

2000 年,维多利亚州通过成立维多利亚州课程与考试委员会(Victorian Curriculum and Assessment Authority, VCAA)的立法程序,于 2001 年 3 月成立维多利亚州课程与考试委员会。课程与考试委员会不是州教育部内部的行政机构,而是一个主管全州教育标准制定、学校办学质量监控考试、教育证书考试的专业管理机构,直接对州教育部长负责。课程与考试委员会的具体工作目标有三项:①

① 开发高质量的课程,评估课程产品以及课程服务的质量;

② 开发十一～十二年级的教育证书考试课程;

③ 为不同类型课程之间的互通建立连接通道。

课程与考试委员会的根本职能是,通过提供课程与评估服务,帮助学生在知识、技能、态度三个方面的发展与成长,使他们为进入日益复杂的社会做好准备。

(2) 教学委员会

维多利亚州教学委员会(Victorian Institute of Teaching, VIT)于 2001 年建立,是一个法定的规范和促进教师专业发展的管理机构。所有维多利亚州的教师,不论其是执教于公立学校还是私立学校,都必须在维多利亚州教学委员会注册。教学委员会由一个 20 个人组成的理事会领导,理事会成员大多是来自公立学校、天主教学校或独立学校的在职教师。教学委员会的具体职能包括六项:②

① 对全州所有教师进行注册登记,以保证只有具备资质的人员才能在学校任教;

② 把教师专业推向更加宽广的社会;

---

① Victoria DEECD. Victorian government schools reference guide[EB/OL]. http://www.det.vic.gov.au/2008-01-30.

② VIT. About us[EB/OL]. http://www.vit.vic.edu.au/2008-01-30.

③ 与教师一起编制专业工作标准；

④ 通过入职培训计划，为入职一年以内的教师提供专业支持；

⑤ 审批和认证教师职前培养课程；

⑥ 对教师行为严重不端、严重缺乏任教能力的个案进行调查取证。

（3）注册与资格委员会

维多利亚州注册与资格委员会（Victorian Registration and Qualifications Authority,
VRQA）是根据《2006 年教育与培训改革法》的精神，于 2007 年成立的，这是一个负责
全州范围内学校教育、社会教育以及"在家上学"（home schooling）质量保障的机构，直
接对州教育部长（主管学校教育）和技能与劳务参与部长（主管中学后教育）负责。注
册与资格委员会有一个由 13 人组成的专家委员会，主要通过对办学机构的注册、在
家上学学生的注册、课程认证、制定有关标准以及相关的咨询活动来行使其职能。①

三、政府—学校关系变革后的校内领导体制

在澳大利亚，政—校关系变革后，学校内部的领导体制以及学校领导者的责任也
发生了相应的转变。这种转变可以通过澳大利亚中小学的学校理事会和校长角色的
调整情况看出大概。

（一）学校理事会

1. 学校理事会的一般概况

传统上，澳大利亚的学校一般都设有学校理事会。学校理事会是学校的参议机
构，由校长、教职员、家长和社区人士共同组成，其成员一部分由选举产生，另一部分
则是被任命的。学校理事会是否吸收学生代表，要根据本地传统或学校理事会的传
统喜好来决定。学校理事会的传统职能是为办学提供参谋，但随着政府权力的下放，
学校理事会的地位变得越来越重要。例如，新南威尔士州在 1989 年推出"以学校为
中心的教育"改革计划后，学校理事会的职能开始扩展。以新南威尔士州悉尼市西城
区教育局下辖的学校为例，到 20 世纪 90 年代，学校理事会对学校事务的参谋和参议
范围已经覆盖了九个方面：②

---

① VRQA. About us[EB/OL]. http://www.vrqa.vic.gov.au/faq.htm/2008 - 01 - 30.
② Metropolitan West Region DSE. School councils: Students, principal & staff and parents & community[Z].
Sydney: Metropolitan West Region Department of School Education,1993：6.

(1) 学校的办学宗旨；

(2) 学校的政策；

(3) 学生的福利；

(4) 学校职员的聘用(不包括教师的聘用)；

(5) 学校的财务预算计划和项目安排；

(6) 挑选新校长；

(7) 学校在社区中良好形象的保证；

(8) 社区团体使用学校的设备；

(9) 校舍和场地的维护。

在 1989 年之后的 20 余年间,澳大利亚大多数州的政—校关系变革力度已普遍超过当年新南威尔士州的"以学校为中心的教育"改革计划,学校被赋予更广泛的自主管理权。相应地,学校理事会的职能也发生了两个变化:在保持对学校事务参谋和参议职能的基础上,增加了对学校表现的评议和评估职能;在保持对学校大政方针具有话语权的同时,增加了过问学校教育教学质量和学生学业成就的职能。①

2. 维多利亚州的学校理事会

就全澳各州的情况来看,维多利亚州是政—校关系变革力度最大的州,该州学校理事会拥有的权力比其他州都要大,有关法规对学校理事会的职能及其他细节的规定也相对详尽。考察维多利亚州的学校理事会,有助于了解澳大利亚中小学的校内领导体制架构现状。

(1) 学校理事会的性质与结构

在维多利亚州,学校理事会是每所公立学校必设的管理机构。学校理事会设立和运作的基本法理依据来自维多利亚州的《2006 年教育与培训改革法》和《2007 年教育与培训改革细则》(The Education and Training Reform Regulations 2007)。法律赋予学校理事会最基本的权力是,可以决定学校的主要发展方向,监管学校的运作是否合理有效。上述州法规定了学校理事会的性质、目标、职能等,但有关学校理事会的具体成员构成和活动方式,并无统一规定,一般是依据各个学校自己的学校组织令(school's constituting order)来确定。

学校理事会一般由家长代表、州教育部雇员(实际就是学校的员工)和社区成

---

① Western Australia, DET. School councils[EB/OL]. http://www.det.wa.gov.au/ 2008 - 09 - 12.

员三类人员组成,总人数根据学校规模大小,为 6～15 人不等,其中家长人数必须占 1/3 以上。学校理事会的前两类人员是学校理事会的法定人员类别,由选举产生,任期一般为 2 年。社区成员则可有可无,由学校理事会决定,因为这类成员往往不是选举产生的,而是由学校理事会自主选聘,一般为学校所需的会计、建筑维修师等专门技术人员。澳大利亚社会在学校理事会构成问题上有一个基本共识:委员会越是由来自不同背景、具备不同专长的人员组成,其工作效果就越好。因而,学校理事会三类成员都有把各自的专长带入委员会的义务,也就是说,家长代表不仅要把反映整个社区的观点带到委员会上,而且要把自己的专业知识带入委员会;州教育部雇员要把自己的教育专业知识带入委员会;社区成员代表要把学校理事会其他成员不擅长的专门知识和技能带入委员会。上述三类成员的专业背景和所具备的专长,也就是分别进入委员会各分委员会的依据。当然,对家长而言,所谓专长和专业知识是相对而言的,并没有很高的要求。州教育部特别提醒有意参加学校理事会的家长:你必须是一个热心人,你要准备为此付出时间,但未必一定要求你是个专家。也就是说,对于委员会中的家长代表,态度是第一位的。

学校理事会一般下设若干分委员会(sub-committee),就各专项事务为委员会提供咨询性意见。原则上,每个委员会成员都应该参与至少一个分委员会,但法规对此并不强求,州教育部对设置哪些分委员会也无完全统一的要求。不过,大多数学校理事会都设置以下 6 个分委员会。

① 财务分委员会,负责编制年度财务预算并递交学校理事会审批,监督并向学校理事会报告学校的开支情况。

② 校舍与场地分委员会,负责规划校舍、场地以及其他设施设备的发展和更新,组织人力维持或改善学校的外观形象。

③ 教育政策分委员会,为学校理事会起草教育政策,对学校战略规划的实施情况进行监督,就反映学校办学状况的数据资料进行评议。

④ 社区关系分委员会,探寻学校—社区积极合作的方式,为学校的活动筹资。

⑤ 校外关心分委员会,关心学生放学后、节假日期间的学习生活,确保学校提供的相关服务的有效性和合法性。

⑥ 膳食分委员会,如果学校有食堂或食品小卖部,就要监管食堂或食品小卖部的合法性,并监管其提供的食品是否符合食品卫生要求。

（2）学校理事会的目标与职能

按照维多利亚州《2006年教育与培训改革法》的规定,学校理事会的基本工作目标有四:

① 帮助学校提高管理工作效率;

② 确保学校在作出有关学生的决定时,首先要最大程度地考虑学生的利益;

③ 要让本校学生获得更多的受教育机会;

④ 确保学校和学校理事会遵守《2006年教育与培训改革法》及相关细则、部长政令或指令、有关指南或其他相关的政策规定。

有关学校理事会的基本职能,《2006年教育与培训改革法》规定了11项:

① 确定学校愿景和学校发展方向;

② 安排好学校运作所需的各种物资、设备以及相关事务;

③ 筹措用于学校发展的资金;

④ 促进并规范放学后学校校舍和场所的利用;

⑤ 监护学校校舍与场地,保证其状况良好;

⑥ 保证学校所提供服务的清洁与卫生;

⑦ 确保委员会所掌控的经费用途恰当并与学校发展有关;

⑧ 负责学校师生膳食和点心提供方面的事务;

⑨ 在委员会内部通报并向社区说明作出关乎学校、学生决策的目的所在;

⑩ 调动公众对学校的兴趣;

⑪ 法规或部长政令赋予的其他职能。

按照维多利亚州教育部有关学校理事会的说明资料,学校理事会实际经常行使的职能还包括以下诸项:①

① 制订学校战略规划,监督规划的实施;

② 制订、评议、更新学校的政策;

③ 制订、评议学生行为规范和着装规定,监督规范和规定的执行;

④ 审批年度预算,监督开支情况;

⑤ 介入承包合同(如清洁承包合同、建筑承包合同等);

⑥ 向社区和州教育部提交年度报告。

---

① Victoria DEECD. Introduction to school council: A guide for prospective members [EB/OL]. http://www.det.vic.gov.au// 2008 - 12 - 01.

（3）学校理事会不得介入的事务

如前所述，随着政—校关系变革的深化和学校自主管理程度的提高，学校理事会的职能范围也在相应地扩展。但学校理事会毕竟是一个圈外非专业人员占很大比例的管理群体，不宜对学校的一些专业事务做决策。综合维多利亚州《2006 年教育与培训改革法》《2007 年教育与培训改革细则》以及州教育部长的相关政令，维多利亚州各校的学校理事会对下述事务是不得介入或无权处理的。

① 不得介入校长职责范围内的学校日常管理实务。如，不能介入具体的课堂教学管理实务，不能干预具体的班级师资配置事务，也不得过问个别的教师—学生或教师—家长之间发生的问题。

② 可以聘用职工、职员、教辅人员以及临时代课教师，但无权聘用聘期超过一年的正式教师。

③ 可以在本地挑选校长，并将挑选结果作为推荐意见提交给州教育部，可以就校长的任命问题向州教育部领导提出建议，也可以在校长任满续约前，向教育部提出取舍与否的建议，但无权聘用或解雇校长，也无权与校长续约。

④ 学校理事会成员不能代表某部分人的利益，学校理事会也不得将代表某部分人利益的事情纳入委员会的议题。

⑤ 不得参与学校土地、校舍、机动车、船只、飞机或其他大宗设施设备的购买事宜。

（4）学校理事会工作中的五对关系

维多利亚州教育部特别忠告，学校理事会是否能够充分发挥其应有的作用，取决于能否处理好以下五对关系。

① 学校理事会会长与校长的关系

根据《2006 年教育与培训改革法》等相关法规的规定，学校理事会会长是理事会的召集人，校长则担当理事会首席执行官的角色，这两者之间的关系至关重要。会长和校长要努力接受彼此的性格差异，为了学校的利益而结成合作伙伴，两个人中的任何一个人都不能凌驾于学校理事会之上。虽然学校理事会无权直接聘用或解雇校长，但实际上，在校长遴选或续约过程中，理事会的意见对教育部的最终决定具有很大的影响力。如果学校理事会会长与校长发生矛盾，通常是校长不得不离职。

② 学校理事会会长与分委员会召集人的关系

分委员会是学校理事会专门领域的顾问，学校理事会的许多日常工作实际上是由各分委员会承担的。但分委员会并没有决定权,分委员会召集人如果定位不准确,就会与学校理事会发生矛盾。反过来说,学校理事会会长如果能抱着尊重与合作的心态与分委员会召集人相处,许多矛盾就不会发生。

③ 学校理事会成员之间的关系

学校理事会是一个管理团队,既需要分工,更需要合作。经验表明,只有尊重理事会每一个成员所具有的不同知识、技能和经验,才能保证学校理事会有效运作。

④ 学校理事会与学校教职员及家长的关系

学校理事会中有一定比例的校外人士,他们往往会表达一些教育圈外的思想和理念,有可能与学校教职员形成意见分歧,若处理不当,可能形成双方的情绪抵触。而同时,学校理事会要考虑各方利益关切者的诉求,不可能仅满足某一部分家长的需要,若不能从中寻求到平衡,则容易引发矛盾。因而,如何沟通、如何说服以及如何统一思想,是学校理事会处理好与学校教职员及家长关系的重要前提。

⑤ 学校理事会与州教育部的关系

随着政—校关系变革的推进,政府会将更多学校事务的决策权下放给学校,这是一个规律;但学校永远不可能脱离政府的监管,因为公立学校是在一个既定的法律、政策、规则、指南的框架内运行的。学校理事会应当让其每个成员都意识到,政府的有些规定是必须遵守的。

(5) 学校理事会成员的付出与收益

学校理事会虽然是一个法定的管理机构,但其成员并不取酬,特别是其中的家长代表,实际上就是参与学校管理工作的志愿者。既然如此,学校理事会成员的工作量就必须被控制在一个较低的限度内,否则会影响理事会成员的本职工作,进而影响他们参与这份志愿工作的积极性。按照维多利亚州的有关规定,正常情况下,学校理事会每学期举行两次会议,每学年至少开八次会,每次会议的时间一般为2.5小时,最多不能超过3小时。每个委员会成员一般至少参加一个分委员会,分委员会每学年也至少举行八次会议。依此推算,学校理事会成员每学年至少要花40小时参加会议,而会议之外的材料阅读、文本准备以及现场调研等也必定会耗费一定的时间。如果再加上委员会成员的培训学习,他们需要付出的时间就更多了。

对每年数十小时志愿工作量的承受力因人而异。越是综合素质高的家长,越是惜时如金,而学校理事会又恰恰希望将这类家长吸收进来。维多利亚州政府认为,应当让家长明确了解参加学校理事会的付出和收益,以便让家长中的有识之士权衡得失后,再决定是否参加学校理事会。为此,维多利亚州教育部以公开宣传的方式说明学校理事会成员至少要投入的志愿工作量,同时也列举了家长成为学校理事会成员的三条好处:第一,作为理事会成员,可以参与有关的决定,可以在学生受教育的问题上获得表达意见的机会;第二,作为理事会成员,不仅可以参与讨论当前的学校问题,而且可以参与确定学校未来的发展方向;第三,家长担任理事会成员后,其孩子对学校的归属感会更加强烈。

(6) 学校理事会成员的培训

由于学校理事会需要对许多学校事务进行讨论、研究和决策,其前提是对教育法规政策相当熟悉,并对学校教育教学工作有相当的了解,加之工作中不可避免地要处理一系列人际关系,因此对学校理事会成员的培训是非常必要的。在维多利亚州,学校理事会成员培训主要有三种方法:一是州教育部提供网络学习资源,以学校理事会成员自学为主,问题答疑为辅;二是地区教育局举办培训活动,一般为不定期的讲座;三是州学校理事会协会提供培训活动。此外,学校理事会成员若在工作中遇到疑难,可以向州教育部或地区教育局负责社区关系协调的部门求助,也可以请求州学校理事会协会提供专业帮助。

(二) 校长

在澳大利亚的中小学,尽管学校理事会是学校的最高领导机构,并承担着确定学校发展方向等一系列重要的领导职能,但校长的学校领导者角色仍然具有举足轻重的作用。学校的日常教育教学工作需要校长的统筹与指挥,更何况校长是法定的学校理事会的首席执行官。

1. 校长及学校领导团队

在澳大利亚,担任校长的首要条件是四年制大学的本科学历和良好的教学记录以及校内管理工作经历。校长岗位出现空缺时,一般通过发布广告向社会招聘。校长由地方遴选,报州教育部批准任命。一旦任命,校长便获得一份任期合同,合同期一般为 5 年。在澳大利亚,分布式领导思想已经普遍为人接受,学校领导者的概念不仅包括校长、副校长、助理校长,而且包括学科主任、年级主任或其他资深教师。前者统称为"校级领导"(principal class),后者称"教师领导者"(teacher leaders)。学校的领导结构并不十分固定,常依学校规模和层次而定。在规模较小的单一学段学校,领导团队的结构较简单,甚至在校级领导之下,连年级主任和学科主任都不设,校长和若干不带行政头衔的资深教师就组成了学校的领导团队。而在大型中学或大规模的小学—中学一贯制学校,学校领导团队的结构相对复杂一些,由于这样的学校可能有几个校区,所以还会设总校长和校区校长。①

2.校长的工作量和工作难度

在最近的二十余年中,澳大利亚各州政—校关系变革的力度虽有不同,但各州政—校关系变革的基调基本一致,那就是政府将有关的管理权或多或少地下放给学校。政府权力下放原本是很多校长的诉求,但政府权力一旦下放,校长的实际工作量和工作难度也相应提高了。2002 年,澳大利亚研究者克兰斯顿(N. Cranston)和埃里克(L. Ehrich)对昆士兰州 108 位中学校长的工作量进行了调查,结果有 63%的校长说他们的工作时间增加了,85%的校长说工作压力很大,72%的校长说工作压力在最近几年里增加了;有 93%的校长说他们的周工作量达到 50 小时,将近半数的校长说他们的周工作时间在 60 小时甚至 60 小时以上。② 2004 年,维多利亚州教育部进行的一项校级领导工作负荷调查显示,校长每周平均工作时间达 60 小时,助理校长的周平均工作量也达到 58 小时。③ 同年,澳大利亚中学校长协会的一项大样本全国在线调查显示,校长普遍反映工作压力增大,而这些压力主要来自州的规章制度以及官僚化办事习惯。④

从澳大利亚的情况来看,如果把校长工作压力和工作难度的提高解释为"政府权力下放的同时附带着相应责任的下放",则只是一种非常简单粗糙的归因。实际上,政—校关系变革和政府权力下放会衍生大量复杂的领导情景。例如,随着维多利亚州政府学校自我评估政策的出台,州政府实际上赋予了学校理事会过问教学工作的权力,而这项权力传统上是不属于学校理事会的。这对校长来说,就增加了其沟通、解释、协调的工作量以及相应的工作难度。又如,实施分布式领导是澳大利亚学校管理界的共识,政府也提倡学校进行分布式领导,但在政府的有关规章制度中,分布式领导并不能免除校长的责任,校长就因此要致力于整个领导团队的能力建设,这对校长来说既是负担也是难题。目前,澳大利亚联邦政府和州政府都已经意识到这个问题,加强校长培训的力度和推进校长专业发展是政府应对这一状况的主要策略。

---

① Anderson,M. et. al. Australia: Country background report [R]. Canberra: Commonwealth of Australia, 2008: 48.

② Cranston, N. & Ehrich, L. Overcoming sleeplessness: Role and workload of secondary school principals in Queensland[J]. Leading & Managing, 2002,8(1): 17 - 35.

③ Victoria DET. The privilege and the price: A study of principal class workload and its impact on health and wellbeing[R]. Melbourne: Human Resources Division, DET, 2004: 8.

④ Australian Secondary Principals Association. National survey of school leader welfare [EB/OL]. http://www. aspa. asn. au/2004 - 10 - 10.

四、政府—学校关系现状描述

根据 2008 年 OECD 的统计资料,澳大利亚在经历政—校关系变革之后,公立学校管理事务分类决策权的配比状况以及综合决策权的配比状况如下所述。

（一）分类决策权的量化描述（2008 年）

根据 OECD 2008 年公布的各成员国初中阶段公立学校事务自主决策状况的调研统计资料,表 5-2 显示了澳大利亚公立学校的教学组织管理、人事管理、规划与结构管理、资源管理四个方面的分类决策权在中央、地方和学校三个层面的配比状况。

表 5-2　澳大利亚公立学校管理事务分类决策权配比状况

管 理 项 目	中央(%)	州(%)	地方(%)	学校(%)	合计(%)
教学组织决策权	0	11	0	89	100
人事管理决策权	0	58	0	42	100
规划与结构决策权	0	71	0	29	100
资源决策权	0	83	0	17	100

资料来源：OECD. Education at a glance 2008[R]. Paris：OECD Publications,2008：489-490.

（二）综合决策权的量化描述（2008 年）

根据 OECD 2008 年公布的各成员国初中阶段公立学校事务自主决策状况的调研统计资料,表 5-3 显示了澳大利亚公立学校事务综合决策权在中央、地方和学校三个层面的一般配比状况。

表 5-3　澳大利亚公立学校事务综合决策权配比状况

	中央(%)	州(%)	地方(%)	学校(%)	合计(%)
综合决策权	0	56	0	44	100

资料来源：OECD. Education at a glance 2008[R]. Paris：OECD Publications,2008：488.

第六章 —— 日本政府——学校关系变革

第一节　日本教育行政体制的基本架构

日本社会历来重视教育,其教育事业在封建时期已比较发达,江户时代就有了幕府直辖学校、藩校和民众教育所等不同层次的学校系统,男女民众的识字率分别达到50％和20％,教育行政制度也达到一定的完备程度。不过,现代意义上的教育行政管理体制还是从明治维新时期开始的。1871年,日本设置文部省作为中央教育行政机关,随后即组建了一个学制调研委员会负责起草《学制令》方案,翌年便颁布《学制令》。《学制令》共109章,除序言之外,分学区、学校、教员、学生和考试、学费五个部分。其中涉及教育行政管理体制的部分规定,仿照法国建立大学区制,即在文部省统辖之下,全国划分为8个大学区、256个中学区和6720个小学区,并设立督学机构和督学制度,对学校教育加以监管,由此建立中央集权化的教育管理体制。这套集权化体制到第二次世界大战前,已经达到相当严密和稳定的程度。第二次世界大战结束后,作为改造日本军国主义政体的一部分,美国先后于1946年和1950年两度派遣教育考察团对日本的教育状况进行考察调研,并提出改造日本教育的考察报告,这便是著名的《美国教育使节团报告书》(Report of the United States Education Mission to Japan)。该报告对日本教育的改造提出了一系列建议,其中包括教育行政管理体制的改造建议。这些建议基本上是要日本以美国的体制为蓝本,建立分权化的教育行政管理体制。这一时期日本先后颁布的《教育基本法》(1947年)、《学校教育法》(1947年)、《教师许可证法》(1947年)、《教育委员会法》(1948年)和《文部省设置法》(1949年),在很大程度上均体现了《美国教育使节团报告书》的精神。然而,要使美国化的体制与日本社会文化相互融合并不容易,种种矛盾不断表露。1952年4月,《占领国与日本的和约》(The Peace Treaty between Japan and the Occupying Countries)生效,标志着盟军军事占领日本时期的结束,日本重新取得主权国家的地位。随之,日本社会对美式教育行政管理体制的质疑声四起,最终导致《地方教育行政组织与职能法》(1956年)的出台和《教育委员会法》的废止,从而加强了文部省的教育行政管理权,降低了整个教育行政体制中地方分权化的程度,同时也削弱了地方教育行政相对于地方政府的独立性。日本的这一教育体制变动,造就了一种介于"二战"前集权制和"二战"后初期分权制之间的折衷的教育行政管理体制。

一、中央层面的教育管理

（一）中央教育行政机关的职能与架构

20 世纪 60 年代后，日本中央教育行政机关经过数次微调，于 2001 年重组机构，并正式定名为"教育、文化、体育、科学与技术省"（Ministry of Education, Culture, Sports, Science and Technology, MEXT），仍简称"文部科学省"。文部科学省调整后，文部科学大臣的基本任务被规定为三项：①

（1）通过提升教育品质和促进终身学习来培育具有热忱之心的创造性人才；

（2）鼓励开展各种学术、体育、文化活动，促进科技的全面进步；

（3）对宗教事务实施恰当的管理。

文部科学省的主要职能是：②

（1）规划教育系统和管理制度，以便通过提升教育品质，促进终身学习，提供经费和设施来培育具有热忱之心的创造性人才；

（2）举办国立的大学、短期大学和专修学校（技术学院）；

（3）为地方教育委员会、地方教育行政机关以及都、道、府、县教育厅长的工作提供指导或提供帮助；

（4）若文部科学省认为有必要，即有权要求地方教育委员会和地方教育行政机关就其管辖范围内的教育事务向文部科学省提交报告；

（5）文部科学省一旦发现地方政策有违教育法律法规或有碍基本教育目标的实现，即可向地方教育委员会或地方教育行政机关发出纠正令或要求其改进的命令。

根据文部科学省 2007 年公布的资料，③日本中央教育行政机关的领导团队由 8 人组成。其中，最高首长是文部科学大臣，下设副大臣 2 名、大臣政务官 2 名、事务次官 1 名以及文部科学审议官 2 名。文部科学省领导团队之下分三条工作线路设置职能部门。第一条线路由大臣官房、7 个职能局、国际统括官组成，承担文部科学省的主干工作。

---

① ② ③　MEXT. Development of education in Japan(1997 - 2001). Report for submission to the 46th session of the international conference on education [R/OL]. http:// www. mext. go. jp/2001 - 09 - 30.

1. 大臣官房

大臣官房相当于文部科学省办公厅,全面协调文部科学省各项政策,综合管理文部科学省的人事、财务、总务事项,还负责政策管理、信息发布、公共关系、信息处理、国际关系协调和国际合作协助等事务。大臣官房内设人事课、总务课、会计课、政策课、国际课;另有一个直属大臣官房的文教设施企划部,由企划部部长统领,下设设施企划课、设施辅助课和计划课,并设 2 位负责技术问题的参事官。

2. 生涯学习政策局

生涯学习政策局负责管理终身学习事务,策划全社会教育的改革,改进社区的教育功能,推进学龄儿童的校外教育计划,改善家庭教育的功能,支持成年人参加继续教育并重新应对生活挑战,提供各种终身学习机会等。该局设政策、调查企划、生涯学习推进、社会教育、男女共同参与学习(负责男女平等学习事务)5 个课。该局在局长之下还设 1 名负责终身学习事务协调的主任社会教育官和 1 名负责教育媒介及信息政策的参事官。

3. 初等中等教育局

初等中等教育局负责从学前教育到高中教育事务的管理,着重考虑如何改进学生的学业能力,如何改进学校的教育标准以及提高教师素质,如何开发学生心智、应对学生问题行为、开展人生教育,如何促进国际教育交流、国际理解和外语教育,如何关心在海外学习的日本儿童、从海外归来的日本儿童以及在日本的外国儿童的学习等问题。该局设有初等中等教育企划课、财务课、教育课程课、儿童生徒课(负责学生事务)、幼儿教育课、特别支援教育课(负责特殊教育)、国际教育课、教科书课、人事课、职业教育及信息技术教育课。

4. 高等教育局

高等教育局关注高等教育的未来发展,促进大学和研究生院的事业发展,管理学生奖学金和借贷项目、学生交流计划,推进私立学校事业发展。该局主要由高等教育企划课、大学振兴课、专门教育课、医学教育课、学生/留学生课、国立大学法人支援课组成,局长之下还设 1 名主任视学官,负责协调科技和学术方面的事务。在该局内,还另设一个私学部,负责私立学校的事务管理与协调。

5. 科学技术政策局

科学技术政策局负责起草科学技术的基本政策,开发科技人力资源和相关国际活动战略,促进各地区的科技事业发展,保障核能的安全与和平利用。科学技术政策局设有政策课、调查调整课(负责研究与合作协调)、基磐政策课(负责重点基础项目政策)、原子能安全课、调整企划室(负责科技战略规划与评价)、地域科技振兴室(负责国际科技战略事务)。该局除局长、次长、4位课长和2位室长外,还设1名计划官和1名国际交流官。

6. 研究振兴局

研究振兴局的主要职能是推进基础研究,促进私营部门与大学、政府机构的科技合作研究,推动新药、光纤、新材料、信息技术等重要领域的研究,加强重要科研设施设备的研究与开发。该局设有振兴企划课、研究环境与产业合作课、情报课、科研机构课、科研援助课、基础及普通研究课、生命伦理与安全对策室。

7. 研究与开发局

研究与开发局负责管理太空、海洋、原子能、灾难等领域的大型研究或开发项目。该局设有开发企划课、地震与防灾研究课、海洋地球课、宇宙开发利用课、原子能计划课、原子能研究开发课和核融合开发室等6课1室,在局长和7位课长、室长之外,另设1位分管宇宙航空政策的参事官。

8. 体育运动与青少年局

体育运动与青少年局的主要任务是促成终身运动社会,亦即,要使任何人在任何年龄阶段都能够在任何时间、任何地点进行体育活动,目的在于建设一个阳光而富有生机的社会。其具体职能包括加强学校的健康教育,促进青少年社会化的健康发展,建设社区运动俱乐部,培训相应的教练,通过道德品质教育来解决青少年的问题行为等。体育运动与青少年局设有企划课、全民运动课、竞技运动课、学校健康教育课、青少年课等5个课,在局长和课长之外,另设1名统筹运动与青少年事务的主任体育官和2名参事官。

9. 国际统括官

国际统括官主要负责统筹文部科学省与各个国家之间的交流和合作项目,同时负责在教育、科学、文化遗产方面与联合国教科文组织保持联络与合作。

文部科学省领导团队之下的第二条工作线路通向文化厅。文化厅的口号是:"文化力即是一个国家的国力。"该厅的愿景是建设一个基于文化与艺术的国家。文化厅的主要职能包括促进文化艺术的创新计划,保护和利用文化遗产,促进国际文化交流与合作,积极回应信息时代的版权和专利问题,管理宗教事务等。文化厅长官是文化厅的首长,另设1名文化厅次长协助长官领导文化厅工作。文化厅由长官官房、文化部和文化财产部3个职能部门组成,其中,长官官房内设政策课、著作权课、国际课,文化部内设艺术文化课、国语课、宗教事务课,文化财产部内设传统文化课、美术课、纪念场馆课、建筑课。

　　文部科学省领导团队之下的第三条工作线路是文部科学省的直属单位,包括日本学士院(The Japan Academy)、日本联合国教科文组织全国委员会、国家教育政策研究所、国家科技政策研究所等。

（二）中央教育审议会的职能与架构

　　在日本中央教育行政决策的过程中,有一个发挥重要作用的机构——中央教育审议会(the Central Council for Education)。中央教育审议会并非文部科学省内的行政职能机构,也没有行政管理职权,而是一个教育咨询机构。中央教育审议会(以下简称"中教审")的前身是"二战"后盟军占领日本时期为改造日本军国主义教育行政体系而建立的教育改革委员会(Education Reform Committee),曾在贯彻《美国教育使节团报告书》精神和推动20世纪40年代末日本教育的重要立法过程中发挥关键作用。[①] 中教审的基本职能是根据文部科学大臣的要求,对教育、体育及其他有关重大事项进行研究和评议,提出相关的咨询报告供文部科学省参考。事实上,文部科学省的许多重大决策都是根据中教审的咨询意见作出的,许多教育法规也都是以中教审的咨询建议为基础的。目前,中教审下设教育体制、终身学习、小学和初中教育、大学、体育运动与青年共5个分科会,各个分科会还可根据临时的需要建立专题工作课或工作组。

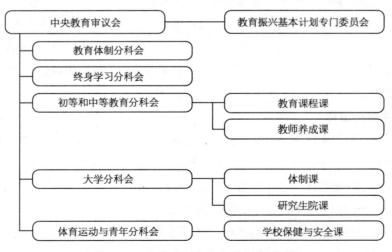

图6-1　日本中央教育审议会组织架构

　　资料来源：MEXT. FY2005 white paper on education, culture, sports, science and technology[EB/OL]. http://www.mext.go.jp/2006-01-30.

---

① Ministry of Education. Japan modern educational system: A history of the first hundred years[M]. Tokyo: Ministry of Education,1980: 274.

（三）中央政府的教育经费投入状况

日本的公共教育经费由中央、都道府县和市町村三级分担,经费来源分别为三级政府的税收和其他收入。其中,来自中央的教育经费主要用于三个方面:一是用于国立教育机构的设立与建设;二是用于补助都道府县和市町村教育机构或私立教育机构的设立与建设;三是用于资助地方教育经费开支,既作为对地方教育经费的分担,也保证各地教育经费维持在一个相对平衡的水平上(见表6-1)。

表6-1　日本中央教育经费资助的名目、对象与份额

资 助 名 目	资 助 对 象	占总数的份额
1. 义务教育或特殊教育学校教职员的工资与津贴	都道府县及政令指定市	1/2
2. 教学设备	都道府县及政令指定市	1/2 或 3/4
3. 幼儿园就学鼓励或困难学生就读资助	都道府县及政令指定市、市町村、学校法人	1/2 或 1/3 或 1/4
4. 边远地区教育促进	市町村	1/2 或 2/3 或 1/3
5. 职业教育促进	都道府县及政令指定市、市町村、学校法人	1/3 或 6/10 或固定数额
6. 公立中小学的校舍建设	都道府县及政令指定市、市町村	1/2 或 1/3
7. 私立高中资助	都道府县及政令指定市	固定数额
8. 社会教育	都道府县及政令指定市、市町村	固定数额
9. 体育设施的扩展与改善	都道府县及政令指定市、市町村、学校法人	1/2 或 1/3 或固定数额
10. 学校午餐设施扩展与改善	都道府县及政令指定市、市町村、学校法人	1/2 或 1/3

资料来源: MEXT. FY2005 white paper on education, culture, sports, science and technology[EB/OL]. http://www.mext.g.jp/2006-01-30.

二、地方层面的教育管理

日本的地方教育管理分为都道府县和市町村两级。日本目前设有都(东京都)、道(北海道)、府(如京都府)、县(如兵库县)40 个,另设政令指定市(如横滨市、仙台

市)17个,都道府县和政令指定市所设置的教育委员会和教育厅为第一级地方教育行政管理层面,都道府县下属的市(町)教育委员会和教育局为次级地方教育行政管理层面。日本地方教育行政机关的一般架构如图6-2所示,不过,在都道府县和市町村两级以及各都道府县与市町村之间,行政机构在细节上可能有所不同。

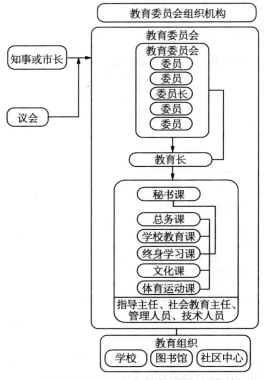

图6-2 日本地方教育行政机关的一般架构

资料来源: MEXT. FY2007 white paper on education, culture, sports, science and technology[EB/OL]. http://www.mext.go.jp/2008-01-30.

(一) 都道府县的教育管理

都道府县教育委员会全面负责辖区内的教育、科学和文化事务,教育委员会委员经都道府县议会同意,由都道府县行政长官(如知事)任命,教育委员会的编制一般为5~6人,其中1人为委员长,委员和委员长的任期都是4年。都道府县教育委员会一般有九项主要职能:①

---

① MEXT. Development of education in Japan(1997-2001). Report for submission to the 46th session of the international conference on education [R/OL]. http://www.mext.g.jp/2001-09-30.

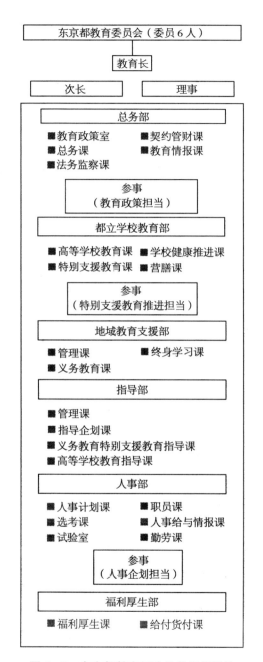

图 6-3　东京都教育行政机关组织架构

资料来源：東京都教育委員会の機構（平成 21 年 4 月 1 日）［EB/OL］http：// www. kyoiku. metro. tokyo. jp/gaiyo/kikou. html/2009 - 04 - 01.

（1）负责管理辖区内大学和短期大学之外的教育文化机构的设置,包括高中、特殊教育学校、博物馆、公共图书馆、终身教育促进中心、教育研究和培训机构等;

（2）负责组织实施和促进各种社会教育活动、体育运动;

（3）推广和促进各种文化活动,负责保护文化遗产;

（4）为政府和非政府团体与联合国教科文组织的合作活动提供指导和帮助;

（5）对市町村教育当局的工作提供指导、咨询或财政援助;

（6）要求市町村教育委员会提交有关报告,并在必要时可以指令市町村教育委员会纠正或改进其行为;

（7）批准设立或批准关闭市町村管理的幼儿园、中学、特殊教育机构或特殊培训机构;

（8）处理市町村小学、初中、业余高中以及市町村管理的特殊学校教职员的任用、解雇等人事事务,发放和管理市町村学校的教师工资、津贴;

（9）颁发教师证书。

都道府县教育委员会下设教育厅(或称教育事务局)作为教育委员会的行政执行机构,教育厅的教育长由教育委员会任命,教育长本人往往也是教育委员会的委员。教育厅在教育长领导下设置一系列职能部门,具体承担日常的教育行政管理工作。以东京都教育事务局的职能部门设置为例,大致可以了解都道府县以及政令指定市教育厅(教育事务局)机构设置的一般状况。

在都道府县一级,除教育委员会和教育厅之外,都道府县知事(行政长官)对教育事务也拥有一定的直管权,主要包括:①

（1）管理都道府县的大学和短期大学;

（2）审批私立幼儿园、小学、初中、高中、特殊学校和特殊培训机构的设立,对上述机构实施宏观管理,并为它们提供指导和帮助(私立高等院校由文部科学省直接监管);

（3）负责起草和协调教育预算,在预算获得议会批准后,负责对预算的监管;

（4）负责都道府县教育资产的配置。

在教育经费方面,都道府县的教育经费主要用于三个方面:都道府县教育机构的设立与维持;教师的工资与津贴;资助市町村教育开支。

（二）市町村的教育管理

与都道府县一样,市町村也设教育委员会负责管理市町村范围内的教育、科学和

---

① MEXT. Development of education in Japan(1997 - 2001). Report for submission to the 46th session of the international conference on education [R/OL]. http://www. mext. g. jp/2001 - 09 - 30.

文化事务。教育委员会委员经市町村议会同意,由市町村行政长官任命,任期 4 年。市町村教育委员会的主要职能有五项:①

(1) 负责管理市町村范围内的小学教育、初中教育、公民教育以及公共图书馆、教育研究和培训机构等;

(2) 负责组织实施和促进各种社会教育活动和体育运动;

(3) 推广和促进各种文化活动,负责保护文化遗产;

(4) 为政府和非政府团体与联合国教科文组织的合作活动提供指导和帮助;

(5) 选定小学和初中的教科书。

市町村教育委员会下设教育局作为教育委员会的行政执行机构,教育委员会遴选出的局长即为市町村的教育行政长官。与都道府县或政令指定市的教育厅(教育事务局)相比,市町村教育局的机构设置较为简单。以北海道下属的上川教育局为例,可大致了解市町村教育局的机构设置(如图 6-4 所示)。

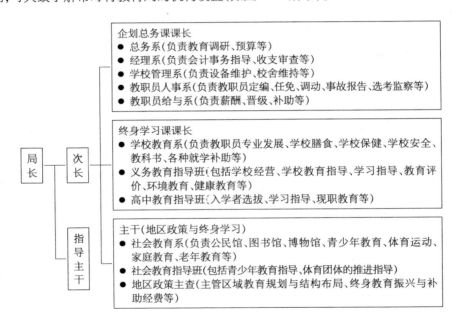

图 6-4　北海道教育厅上川教育局组织机构

资料来源:北海道教育厅上川教育局の機構(平成 21 年 4 月 1 日)[EB/OL]http://www.dokyoi. pref.hokkaido.lg.jp/2009-04-01.

---

① MEXT. Development of education in Japan(1997-2001). Report for submission to the 46th session of the international conference on education [R/OL]. http://www.mext.g.jp/2001-09-30.

在市町村一级,除教育委员会和教育局之外,市町村行政长官对教育事务也拥有一定的直管权,主要包括:

(1) 管理市町村的大学和短期大学;

(2) 负责起草和协调教育预算,在预算获得市町村议会批准后,负责对预算的监管;

(3) 负责都道府县教育资产的配置。

在教育经费方面,市町村的教育经费主要用于两个方面:一是市町村小学、初中的日常运转(教师工资除外);二是市町村所属其他教育机构的日常运转。

第二节 日本政府—学校关系变革

一、背景概述

近代以来,日本先后发动过三次大规模的教育改革。"第一次是明治维新后,日本为了更好地学习西方先进的科学技术以实现近代化,对传统的教育体制进行了全面改革,从而奠定了近代教育的基础。第二次是战后在美国占领期间进行的,通过这次教育改革,废除了法西斯军国主义教育,确立了现代民主主义的教育体制,为战后和平民主主义的发展和经济高速增长提供了有力的保证。"[1]第三次教育改革是在日本已经成为经济大国的情况下,为进一步谋求国际地位、解决社会积弊,并应对 21 世纪的挑战而发动的。一般认为,第三次教育改革的设想源于中教审 1971 年的咨询报告《关于今后学校教育综合扩充、整顿的基本措施》,1983 年中曾根康弘首相发表的"教育改革七点设想"及翌年临时教育审议会的设立,是这场改革被真正纳入政府议程的标志。与前两次教育改革相比,第三次教育改革延续的时间较长,如果从 1983 年算起,第三次教育改革已走过 27 个年头,期间经历了 21 任首相的更迭以及自由民主党执政党地位的丢失等重大政治变故。当年自民党首相中曾根康弘的教育改革思路与如今民主党首相菅直人(第 94 任首相)的教育志趣自然不尽相同,因而很难说

---

① 崔世广. 浅议当前日本的教育改革[J]. 日本学刊,2002(2): 97 - 112.

27 年间的改革取向与焦点是一以贯之的。不过,日本最近 10 年以来的教育改革路线还是相对稳定的,这种相对稳定性典型地反映在义务教育改革、《教育基本法》修订、《教育振兴基本计划》编制等重大教育改革事件中。

日本的义务教育制度是依据 1947 年生效的《日本宪法》精神制定的。按照《日本宪法》第二十六款规定,人人有权接受与其能力相符的平等的教育,人人有义务使男女儿童接受法律规定的教育,而且这种义务教育应该是免费的。① 应该说,1947 年以来的日本义务教育实践已经体现了宪法规定的原则精神。然而,义务教育的细节要求是与时俱进的,就此而言,日本的义务教育并不令人满意。进入 21 世纪,日本文部科学省提出了 21 世纪的四个教育目标:②

(1) 培育具有自主精神的强健公民;

(2) 培育能够领导"知识世纪"的一流才能;

(3) 培育将继承和创造情感丰富的文化和社会的日本公民;

(4) 培育学会生活于国际社会的日本公民。

虽然这四个目标需要各级各类教育的合力才能实现,但义务教育无疑是其中最为基础的部分。更何况,欺凌、逃学、校园暴力、恶性事故等许多负面问题都起始于义务教育阶段。而文部科学省提出的进一步关注道德品质、自我约束、公共意识、为国际社会的和平与发展作出贡献等教育要求,也必须从义务教育阶段开始贯彻。由此,义务教育的改革自然不可避免。2005 年 2 月,中教审专门建立义务教育专门委员会,研究有关义务教育法律内容的修订。2005 年 10 月 26 日,中教审编制了一份报告《为新时代而重设义务教育》。该报告提出义务教育改革的目标:创造拥有更有能力的教师的更好的学校,由此帮助儿童获得更好的成长。报告还就义务教育改革提出了四项国家策略:③

(1) 通过设置清晰的目标和教育结果检查来确保教育质量;

(2) 通过改进教师培养、招募、在职培训等,使社会树立起对教师坚定不移的信任;

(3) 通过赋予地方政府和学校更多自主权并鼓励其创新,来改进教育质量;

(4) (中央政府)为教育创造最适合的条件。

---

① MEXT. Redesigning compulsory education: Summary of the report of the Central Council for Education[EB/OL]. http://www.mext.gc.jp/2005-10-30.

②③ MEXT. FY2005 White paper on education, culture, sports, science and technology[EB/OL]. http://www.mext.go.jp/2006-01-30.

作为一个成熟的法治国家,日本的义务教育改革不可能脱离法律依据,相关法律的修订是必不可少的程序。这就涉及日本教育改革的另一个重大事件:《教育基本法》的修订。

修订《教育基本法》虽与义务教育改革有关,但并非仅因义务教育改革而修法。1947年颁布的《教育基本法》是日本的教育母法,既是其他教育法规的基础,也是教育政策和教育实践的根本依据。然而,在《教育基本法》颁布五十余年后,日本的人口平均寿命、出生率、大学入学率以及劳动大军的平均受教育程度等许多方面的情况均发生了巨大变化(见表6-2)。

表6-2 日本《教育基本法》立法之初与目前社会背景状况的对比

社会背景因素	《教育基本法》立法之初的状况	当前状况
平均期望寿命 　男性 　女性	50.06(1947年) 53.96(1947年)	78.53(2005年) 85.49(2005年)
平均生育率	4.54(1947年)	1.26(2005年)
65岁及65岁以上人口比例	4.85%(1947年)	20.1%(2005年)
高中入学率	42.5%(1950年)	97.7%(2006年)
高校入学率	10.1%(1955年)	49.3%(2006年)
劳动大军文化程度 　初等文化程度(农、林、渔业劳动者) 　中等文化程度(矿业、建筑业、制造业劳动者) 　高等文化程度(服务业劳动者)	48.5%(1950年) 21.8%(1950年) 29.6%(1950年)	4.8%(2005年) 26.1%(2005年) 67.2%(2005年)

资料来源:MEXT. FY2006 white paper on education, culture, sports, science and technology[EB/OL]. http://www.mext.go.jp/2007-03-30, Figure 1-1.

与此同时,日本面临知识经济、信息化、城市化的挑战以及由此带来的儿童身心健康问题。例如,1964年以来,文部省每年对学生的身体素质进行检测,与1985年的数据对照,2005年和2006年的数据均表明,虽然学生的身高与体重有了进步,但学生在力量和能力方面的数据明显下降。这可以归咎于三个方面:公众对户外游戏与运动的意识淡漠了;城市化和便利的交通改变了生活环境;饮食、睡眠等学生的个人生活方式不如过去健康。又如,2007年2月对低年级学生进行的生活方式与态度的调查显示,学生的心理健康状况不容乐观。与 1999 年实施的同类调查结果相比,小学生和初中生表示自信者的比例分别从当年的 56.4%和 41.1%下降到了 47.4% 和 29.0%;与 1995 年的相关调查相比,初中生中表示对学习以及升入下一阶段学习担忧者的比例从当年的 46.7%上升到了 61.2%,对友谊担忧者的比例从当年的8.1%上升到了 20.0%。① 此外,家庭和社区教育功能下降、社会规范意识下降、社会正义感和道德价值观的下降等一系列新问题,也对儿童的成长形成了负面影响。

　　上述变化、挑战与问题汇聚在一起,形成了《教育基本法》的修法动因。2000 年 3月,当时的首相小渊惠三组建了直属首相府的咨询机构"教育改革国民会议"。该机构在同年 12 月发表的《教育改革国民会议报告:变革教育的 17 条提案》中,提出重新审议《教育基本法》以及制定一项教育振兴基本计划的建议。2001 年,文部科学省发布了面向 21 世纪教育改革的"彩虹计划",其中也提到重新审议《教育基本法》并制定一份推进教育改革综合计划的设想。② 2001 年 11 月,当时的文部科学大臣远山敦子就《教育基本法》如何适应新时代的要求以及编制"教育振兴基本计划"的问题,要求中教审提出咨询意见。经过大约 1 年 4 个月的研究,中教审于 2003 年 3 月提交了一份题为《关于适应新时代的〈教育基本法〉与"教育振兴基本计划"的应有状态》的报告。该报告指出了修法的必要,同时也提出对"保持个人尊严"、"完善人的品格"等一些原则精神的保留。同月,执政党内也建立了《教育基本法》修法协议会。此后,文部科学省就修订《教育基本法》以及编制"教育振兴基本计划"开展全国大讨论,先后召开了七次全国性的讨论会,共有两千多人参与讨论。此外,文部科学省还通过派发 43 万份宣传资料和建立《教育基本法》资料室网站的方式,组织进一步的公开研讨,举行了三十多次专题调研,并组织专门委员会于 2004 年 6 月写出了中期报告。2006 年 4 月,有关修法的最终报告《应被整合于教育基本法的条款与内容》发布。在此基础上,政府正式提出修法议案,并于 2006 年 4 月 28 日在内阁通过并递交国会。最终,新修订的《教育基本法》于 2006 年 12 月 15 日通过,并于 22 日正式生效。如前所述,《教育基本法》是其他教育法规的基础,新的《教育基本法》一俟生效,其他教育法规的相应修订势在必行。2007 年 1 月,由安倍晋三首相于 2006 年 10 月亲手建立的咨询机构"教育重建委

---

① 　MEXT. FY2007 white paper on education, culture, sports, science and technology[EB/OL]. http://www. mext. go. jp/2008 - 01 - 30.

② 　MEXT. The education reform plan for the 21ˢᵗ century: The rainbow plan[EB/OL]. http://www. mext. go. jp/2001 - 03 - 01.

员会"发表了一份报告《全社会参与教育重建：重建公共教育体系的第一步》，建议对《学校教育法》、《地方教育行政组织与职能法》、《教育职员免许法》等法律进行修订。2007年2月6日，文部科学大臣伊吹文明要求中教审讨论相关教育法律的修订，并考虑"教育振兴基本计划"的制订问题。2007年3月10日，中教审提交了报告《教育基本法修订后急需修订的教育制度》。随后，三法的修订草案以及《教育公务员特例法》草案被一起递交国会，2007年6月获得通过并生效。此后，酝酿多年的推进教育改革计划也编制完成。2008年7月，日本政府正式公布《教育振兴基本计划》。

可以说，义务教育制度改革、《教育基本法》的修订和《教育振兴基本计划》的编制是日本近10年来最为重要的教育改革事件。而且，义务教育制度改革、《教育基本法》及其他相关教育法律的修订和《教育振兴基本计划》的编制，都包含了部分政—校关系变革的内容。因此我们可以说，这几个重大教育事件既是日本政—校关系变革的背景，也是日本政—校关系变革的直接动力。

二、政府—学校关系变革

（一）义务教育权责框架的重设

日本中央—地方—学校角色关系的调整，首先体现在义务教育权责框架上。2005年，中教审的报告《为新时代而重设义务教育》提出了义务教育行政管理的基本关系框架（如图6-5所示），划定了中央—地方—学校在义务教育重建中的基本权责关系：中央政府制定目标并提供基础条件；通过分权化，扩展地方和学校的权责；中央政府有责任对教育结果进行检测。在这个框架中，学校教育的运行分为"投入"、"过程"和"产出"三个环节。地方和学校的权责扩展主要体现在教育具体实施"过程"上，在"投入"和"产出"两个环节，中央政府的权责并未被削弱，而是进一步强化了。在"投入"环节，中央政府除了在确立教育目标和制定标准上负有责任外，还要承担课程研究、教师培训、经费分担及专项设施投入的责任。在"产出"环节，中央政府通过学生学术能力的国家评估以及推进学校评价体系的建立来强化其监管职能。即便在"过程"环节，中央政府仍可通过行使纠错手段，对地方实施教育过程中的问题加以干预。而且，上述义务教育权责框架所体现的中央—地方—学校角色关系同样会原则性地扩展到高中教育阶段。下面着重从地方教育委员会的职能变化、中央政府的监管手段、学校内部的管理改革、学校—社会的广泛合作四个角度，考察日本政—校关系变革的内容。

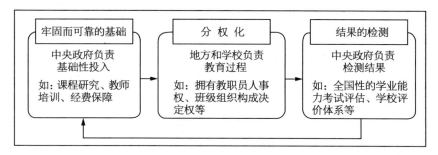

图 6 - 5　日本义务教育权责关系框架

资料来源：MEXT. FY2005 white paper on education, culture, sports, science and technology[EB/OL]. http://www. mext. go. jp/2006 - 01 - 30, Figure 1 - 3.

（二）地方教育委员会的职能变化

根据新《教育基本法》第十六款，教育行政管理必须在中央和地方政府之间进行公正合理的分工。根据这一精神修订的《地方教育行政组织与职能法》重新调整了地方教育委员会的职能(2008 年 4 月 1 日起执行)，强调教育委员会在下述六方面拥有决策和管理权，包括：①

（1）建立本地的基本教育政策；

（2）颁布或修订教育委员会的规则；

（3）设置或关闭教育机构；

（4）教职员的人事管理；

（5）教育检查和评估活动；

（6）教育预算指导思想的确定。

上述职能调整明显具有教育行政职权下放地方的倾向。例如，赋予地方教育委员会建立本地基本教育政策的职能，以便学校教育能够回应学生家长和本地居民对学校教育的特定诉求，使学校更好地与社区环境相融合，同时也为了使教育委员会支持学校独立开展教育活动，担当学校与学校之间以及学校与社区之间的协调者和合作者。而且，在都道府县和市町村两级教育委员会之间，权力的重心也趋于下移。例如，按照原来的规定，学校教师和管理人员的雇佣权和人事管理权一并由都道府县掌控，但按照《教育振兴基本计划》的有关精神，地方教育委员会的职能调整后，学校教

---

① MEXT. FY2007 white paper on education, culture, sports, science and technology[EB/OL]. http://www. mext. go. jp/2008 - 01 - 30.

师和管理人员虽然仍由都道府县雇佣，但他们的日常人事管理权下放给了市町村。2010年4月，大阪府甚至提出了初中、小学的教师人事管理决定权完全由府教育委员会下放给市町村教育委员会的政策提议。按照这一提议，市町村可以自主聘用并调动教师，而不必听取府教育委员会的意见。在大阪府所辖的市町村中，已有市町村表示完全接受这一政策提议，文部科学省也决定支持大阪府的这一教育行政改革举措。①

此外，新的《地方教育行政组织与职能法》还进一步明确，教育委员会不仅负责管理本社区的学校教育，而且负责管理本地的社会教育、文化和体育事业。因此可以说，调整后的地方教育委员会职能明显增强了。同时，新的《地方教育行政组织与职能法》也强调地方教育委员会的自身建设，包括：允许教育委员会成员数量上有弹性，规定通过选举吸收家长进入教育委员会；为了加强教育系统的管理，相邻的市町村可以共同组建教育委员会；督查和评估各种教育活动要请有学术背景的专家参加；国家和都道府县政府要推进教育委员会成员的培训，等等。总体上看，地方教育委员会的职能较之以前增强了。

（三）中央政府的保障与检测

按照重新设定的教育权责框架，中央政府的权责重在"投入"的保障和"产出"的检测，而中间的"过程"环节则放权于地方和学校。就保障"投入"而言，中央政府不仅设置教育目标、标准并提供经费和设施，而且通过收紧教师任职许可条件来保障教育人力资源投入的质量。就检测教育"产出"而言，中央政府的标志性措施是建立学生学术能力的国家评估制度。在中间的"过程"环节，中央政府虽然放权于地方和学校，但在放权的同时，还是设置了一项监管手段：大臣纠错。所谓大臣纠错，是指中央教育行政长官可以干预教育实施的"过程"环节的规定。

1. 许可收紧

较之以前，新的《教育职员免许法》以及《教育公务员特例法》加强了教师任职许可的管理规定，其要点如下。②

（1）教师任职许可证须每10年更新一次，更新许可证的前提之一是，教师必须参加30小时的培训课程。如果教师在许可证到期后不参加培训，则许可证失效（自

---

① Editorial. Local education reform[N/OL]. 朝日新闻, http://www.asahi.com/2010-04-17.

② MEXT. FY2007 white paper on education, culture, sports, science and technology[EB/OL]. http://www.mext.go.jp/2008-01-30.

2009 年 4 月 1 日起执行)。

(2) 如果教师履职中有不良记录或有不能胜任岗位的情况,其许可证将失效(自 2008 年 4 月 1 日起执行)。

(3) 管理当局对于胜任力不足的教师要予以严格管理,对于该类教师的鉴别,要听取教育、医学专家和家长的意见;同时,管理当局要为这类教师提供改进教学能力的培训;这类教师在参加改进教学能力培训的过程中,不得参加许可证更新的培训课程;改进教学能力培训结束后,管理当局要听取教育、医学专家和家长的意见,以辨别这些教师教学能力的改进状况;培训结束后如还不能胜任,管理当局就要对这些教师采取解聘或其他必要措施(从 2008 年 4 月 1 日起执行)。

政府在收紧教师任职许可规定的同时,还提出了一系列提高教师队伍素质的举措。例如,日本政府在 2008 年公布的《教育振兴基本计划》中,提出了七条相关政策措施:①

(1) 推出调节性工资制度,给予表现突出的教师奖励性工资;

(2) 为满足儿童的个别需要,引入外部人力资源,包括聘用辅导顾问、特教助理、学生社团活动讲师,以及返聘富有经验的退休教师等;

(3) 开展教师培训,包括帮助改进地方教育委员会的教师培训质量,鼓励教师获得高级证书,以及利用大学的研究生院培训教师等;

(4) 为 2009 年 4 月开始实行的教师许可证更新制度作准备;

(5) 为保证学校教育的信誉,推进教师评价制度;

(6) 为肯定优秀教师的表现,激发其他教师的工作动机,并形成社会对教师的信任与尊敬,政府建立专门的优秀教师奖励制度;2007 年 2 月 15 日,文部科学大臣表彰了 765 名来自公立和私立学校的优秀教师,文部科学省还鼓励都道府县教育委员会自己评选优秀教师。

(7) 确保地方教育委员会严格进行人事管理,处理教学表现不佳的教师。

2. 国家评估

如前所述,在 2005 年的教育白皮书中,文部科学省提出了包含四项内容的 21 世纪教育目标:培育具有自主精神的强健公民;培育能够领导"知识世纪"的一流才能;培育将继承和创造情感丰富的文化和社会的日本公民;培育学会生活于国际社会的

---

① Government of Japan. Basic plan for the promotion of education [EB/OL]. http://www.mext.go.jp/ 2008 - 07 - 01.

日本公民。

文部科学省认为,要实现上述目标,学术能力、伦理价值、公共精神和体谅他人、强健体魄是学校教育必须关注的四个重点。为了监管学校教育在培养学生学术能力方面的成效,必须建立学生学术能力的检测制度。而且,日本教育研究界早已注意到日本学生在学术能力方面存在一些问题和缺陷。2003年的PISA和2003年的TIMSS结果表明,日本学生的表现虽然总体上处于相对较好的水平,但也暴露出阅读理解能力下降等问题。此外,根据2005年4月公布的课程研究结果,日本学生在日语书面表达以及初中数学能力方面存在一些缺陷。2005年10月,中教审在《为新时代而重设义务教育》中提出了实施儿童学术能力国家评估的建议。2005年11月,文部科学省组建了一个委员会,专题研究如何实行学术能力的国家评估。2006年4月,该委员会提交了《学术能力国家评估的实施方法》,同年6月,文部科学省发布《学术能力国家评估指南》。2007年4月24日,文部科学省组织了学术能力的国家评估,小学六年级和初中三年级学生都参加了考试,2007年10月24日公布考试结果。

日本的学术能力国家评估主要检测学生的日语和数学(初中阶段)或算术(小学阶段)水平,考题涉及日语和数学(算术)知识及知识应用两个方面。同时还仿效PISA,附加了学生问卷,主要调查学生生活习惯和学习环境状况。按照文部科学省的说明,学术能力国家评估的目的是检验义务教育质量,从中分析各地的差别,发现教育机会均等问题,促使地方教育委员会和学校估量自己的教育效果,鉴别关键问题,进一步改进教育和管理质量。[1] 这就是说,学术能力国家评估的结果并不仅仅在于提供反映学生能力现状的数据,而且要提供有助于改进教育管理水平的信息。这也体现了新的《学校教育法》关于"通过学校评估改进教育标准,通过评估结果改进学校管理"[2]的精神。

3. 大臣纠错

在1956年颁布的《地方教育行政组织与职能法》中,有地方教育长的任命须经过上级承认的规定,也即,都道府县和政令指定市教育长人选要取得文部科学大臣的认可后方可任命,市町村教育长人选要经过都道府县教育委员会的认可后方可任命。这项规定很大程度上保证了中央政府对都道府县教育行政的制约与监管。然而,"基

①② MEXT. FY2007 white paper on education, culture, sports, science and technology[EB/OL]. http://www.mext.go.jp/2008-01-30.

于 1998 年 9 月中教审《关于今后地方教育行政》的答询报告,地方分权相关法律对原来的制度做了修正","废止了教育长的任命承认制度"。③这一变化使中央政府失去了制约、监管地方教育行政的一个重要手段。为了保证中央政府对地方教育委员会和学校实施教育过程的监管,2008 年 4 月 1 日开始实行的新的《地方教育行政组织与职能法》,设置了"大臣纠错"的规定。按照新的《地方教育行政组织与职能法》的规定,在必要时,文部科学大臣可以签发命令来纠正和改进地方教育委员会的决定。而且,这种纠错的命令一旦发布,文部科学大臣将通知都道府县政府和都道府县知事对此予以注意。实际上,这在一定程度上恢复了中央政府对地方教育行政活动的干预权,甚至被认为是强化国家控制的又一手段。④ 当然,文部科学大臣也不能随意发布纠错指令和随意行使纠错职能。新的《地方教育行政组织与职能法》规定,只有当地方教育委员会明显违反或漠视有关法规而造成学生或其他人需要受到紧急保护,同时又难以通过其他措施纠正地方教育委员会行为的情况下,或者在地方教育委员会明显违反或漠视有关法规而造成学生或其他人的受教育权受到明显侵犯的情况下,文部科学大臣才能签发纠错命令。⑤

(四) 学校内部管理的改革

2005 年,中教审的报告《为新时代而重设义务教育》在论及政府与学校关系时指出,学校毕竟是实施义务教育的中心,中央、都道府县和市町村三级政府协调好关系的目的是共同为学校提供有力的支持。⑥ 实际上,新的《教育基本法》第十六款关于必须在中央和地方政府之间进行公正合理的角色分工,也是为了保证中央和地方政府合力支持学校。政府合力支持学校三要体现在两个方面:一是提高学校在预算、课程等方面的自主管理程度;二是通过人力资源附加来支持学校实施自主管理。不过,政府在支持学校自主管理的同时,也通过建立学校运营协议会和学校评估体系来推进学校民主管理制度的建设。

1. 自主管理程度的提高

为了扩大学校自主决策权,以便学校自主制定适合本社区环境的教育原则和教

③　崔世广. 浅议当前日本的教育改革[J]. 日本学刊,2002(2): 97 - 112.

④　Education reform for what? [N/OL]. 日本时报,http: // search. japantimes. co. jp/2007 - 06 - 23.

⑤　MEXT. FY2007 white paper on education, culture, sports, science and technology[EB/OL]. http: // www. mext. go. jp/2008 - 01 - 30.

⑥　MEXT. Redisigning compulsory education: Summery of the report of the Central Council for Education [EB/OL]. http: // www. mext. go. jp/2005 - 10 - 30.

育政策,地方教育委员会采取了两方面措施:对学校管理规章制度范围内的学校事务,尽量减少直接干预,以备案制取代报批制;扩大学校的预算权,允许学校在预算总额不变的情况下自主编制预算。从文部科学省提供的 1998 年与 2006 年的数据对比来看,学校在预算、课程、教辅资料、学习考察、假日调整等方面的自主管理权已经大为提高(如图 6-6 所示)。

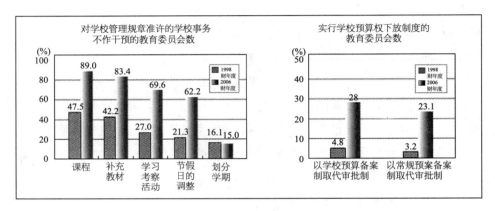

图 6-6　日本学校自主管理程度对比图

资料来源: MEXT. FY2007 white paper on education, culture, sports, science and technology[EB/OL]. http://www. mext. go. jp/2008-01-30, Figure 1-2-14.

2. 人力资源的附加

由于日本学校的自主管理程度历来很低,所以学校管理人力配备一直很薄弱。为了保障学校自主管理程度提高后管理工作的质量,2007 年 6 月颁布的新的《学校教育法》规定,从 2008 财年开始,允许在小学、初中设置副校长、高级管理教师以及高级顾问教师的岗位。其中,副校长协助校长管理学校事务;高级管理教师协助校长和其他行政人员组织学校活动,也管理儿童教育方面的事务;高级顾问教师管理儿童的教育,在改进教学方面对其他教师进行指导或提供咨询。为了吸收各方力量加强学校管理,法律还允许实行开放的人员招募制度,允许从私营部门的优秀人员中聘用校长、副校长,以便在人力资源配备上更适应学校自主管理的需要。截至 2006 年 4 月 1 日,全日本已有 102 位没有执教证书也没有教育工作经历的私营部门人士受聘担任副校长。①

3. 学校运营协议会制度的推进

学校运营协议会是一种由家长和社区居民代表组成的参议组织,是家长、社区参

---

① MEXT. FY2006 white paper on education, culture, sports, science and technology[EB/OL]. http://www. mext. go. jp/2007-03-30.

与学校管理的形式和载体。2004 年 6 月修订的《地方教育行政组织与职能法》(同年 9 月生效)将学校运营协议会制度作为一种法定的学校管理制度确定下来,既是为了使学校能更好地体现家长和当地居民的诉求,并强化学校与家长、社区的合作,也是为了保证学校在自主管理程度提高后保持校内的民主管理。学校运营协议会的法定权利如下。①

(1) 学校运营协议会有权批准校长汇编的学校基本政策,也有权与校长、教师共同编制改进学校的政策,以便使家长、监护人和当地居民的各种意见和诉求能及时并准确地反映到学校管理实践之中。

(2) 学校运营协议会作为学校管理的一个咨询机构,有权向地方教育委员会或学校表达学校管理各个方面的意见,而不仅仅局限于学校的基本政策方面。

(3) 学校运营协议会有权直接向负责聘用校长、教师和其他学校职员的教育委员会提出有关校长、教师和其他学校职员聘用的意见。例如,有权向教育委员会提议聘用某学科的教师人选,以便加快实现学校发展中的优先项目目标。教育委员会在收到提议后,应对这种提议予以重视和尊重。

学校运营协议会可以在任何地区的公立学校中建立,最终是否批准建立,由地方教育委员会根据家长和当地居民理念和要求来决定。凡是建立学校运营协议会制度的学校,也称"社区学校"(community school)。在大多数地区,地方教育委员会对社区学校持积极的态度,支持当地学校建立学校运营协议会制度。从 2005 财年开始,文部科学省实施"社区学校推进计划",研究机构参与其中,对学校运营协议会进行调研,以便更加平稳而有效地在每一个地区推进社区学校计划。"社区学校推进计划"具体包括两个项目。

(1) 社区学校推进项目

这个项目由都道府县教育委员会负责,对社区学校在下述四个方面有效运作的方法进行调研:一是如何恰当地搜集和反映当地居民主张的具体方法;二是学校运营协议会在学校管理中的具体职能,以及学校运营协议会与有关方面合作的形式(目前学校运营协议会的一般职能如图 6 - 7 所示);三是有效利用校外人力资源的形式;四是监督和评价学校的形式。

(2) 社区学校推进论坛

社区学校推进论坛旨在推广和提高有关社区学校的意识,其对象包括家长、监

---

① MEXT. FY2005 white paper on education, culture, sports, science and technology[EB/OL]. http://www.mext.go.jp/2006 - 01 - 30.

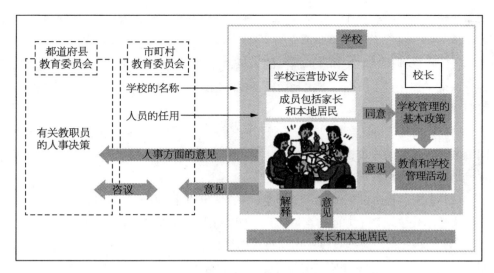

图6-7 市町小学和初中学校运营协议会职能图

资料来源：MEXT. FY2005 white paper on education, culture, sports, science and technology〔EB/OL〕. http：//www. mext. go. jp/2006－01－30, Figure 2－17.

护人和当地居民以及学校人员和教育委员会官员。在文部科学省和地方教育委员会的推动下,社区学校的数量在 2005 年时为 17 所,至 2007 年 1 月已发展到 213 所。文部科学省 2007 年白皮书预计,到 2007 财年结束,社区学校的总数可达 370 所。建立学校运营协议会制度的社区学校带来了五方面的积极结果:①

① 教师态度转变了,从而促进了学校的开放和教学的改进;

② 社区更理解学校,更支持校长的管理规划;

③ 学校和本地社区共同努力来解决学校教育中的问题;

④ 社区与学校的关系更为紧密,学校教育的力量增强了;

⑤ 更多的人关注学校、走访学校,学校变得更有活力。

4. 学校评估体系的建立

日本政府认为,在提高学校自主管理程度的同时,必须通过建立学校评估体系来改进学校办学质量,通过学校信息公开和学校评估活动也可以增强家长和当地居民对学校的信任,并促进他们参与学校管理,鼓励学校与家长和社区居民的深度合作。从 2002 财年开始,《小学设置标准》以及其他一些政策规章规定,学校必须实行自我

---

① MEXT. FY2007 white paper on education, culture, sports, science and technology〔EB/OL〕. http：//www. mext. go. jp/2008－01－30.

评估,必须公布办学结果;而且规定,学校必须主动向家长和监护人提供学校的信息。根据中教审《为新时代而重设义务教育》和《2005年经济和财政管理及结构改革的基本政策》这两份报告,文部科学省决定编制学校评估指南,以便促进学校评估体系的改进。2006年3月27日,文部科学省发布《义务教育阶段学校评估指南》,提出了学校评估的方法、评估项目与指标等。根据这一指南,都道府县和政令指定市于2006财年开展学校评估的实践探索,同时,全国还有124所中小学进行了由第三方实施评估的试点。通过这一举措,政府希望学校达成三个目标:①

(1)学校教育实践活动能得到自主而持续的改进;

(2)学校对家长、监护人和本地居民负责;

(3)改进和确保学校教育质量。

最终,2007年12月26日开始实施的新的《学校教育法》从法律角度确定了建立学校评估体系的要求。

(五)学校—社会的广泛合作

文部科学省的2005年白皮书指出,日本是一个自然资源匮乏的国家,优质的人力资源是日本的财富,必须从儿童开始体味人生,包括培养学习能力和独立思考能力,这单凭学校是不够的,必须由家庭和社会共同携手。② 应该说,学校运营协议会制度的建立和社区学校的推广,都属于学校与社会合作的范畴,但这样的合作毕竟涉及面有限。为此,文部科学省根据教育改革国民会议和中教审的建议,从其他各个角度着力推动学校与社会更广泛的合作。这些措施包括:2000年12月出台政策,鼓励社区支持学校教育的志愿活动;2001年7月开始修订《学校教育法》和《社会教育法》,修改教育人事编制固定的标准,允许为开发学生个人特长而灵活增加人员编制;2002年7月推出社区与学校合作开展志愿和实验活动的促进计划,2002财政年度有744个社区参与,2003财年有1237个社区参与,2004财年有1262个社区参与;2003年推出儿童体魄改善计划,鼓励通过学校、社区、家庭合作来增强儿童体魄;2004年6月出台政策,建立学校运营协议会制度;2005年4月推出促进社区志愿活动计划;2007年6月,根据新颁布的《学校教育法》的精神,确立学校评议员制度,受校长邀请的家长和社区居民可以协助教育委员会对学校管理工作提出意见(目前,建立这种学校顾问制度的公立学校达82.3%,国立学校达

---

① MEXT. FY2006 white paper on education, culture, sports, science and technology[EB/OL]. http://www.mext.go.jp/2007-03-30.

② MEXT. FY2005 white paper on education, culture, sports, science and technology[EB/OL]. http://www.mext.go.jp/2006-01-30.

100%);2007年以来,文部科学省与健康、劳工及福利部门携手,在全国推进儿童校外计划,并建立专门基金支持社区中的家庭教育活动等。可以说,这些政策和计划实质性地推动了学校与社会的广泛合作,为学校教育赢得了较为有利的社会环境。在上述一系列政策与计划的推行中,形成了一批较有特色的制度和项目。[①]

1. 特色兼职教师制度

建立特色兼职教师制度,是为了让在职人士和本地居民中虽缺乏教学资质但有一技之长者到学校教授各门学科的部分内容,或承担综合学习课的教学。2004财年,全日本已积累了21 906个特色兼职教师开课的案例,涉及广泛的学习领域,包括邀请日本打击乐大师到小学担任音乐指导,邀请酒店经理到高中讲授综合学习课,培养学生的工作意识等。

2. 特别证书制度

特别证书制度是一项与特色兼职教师制度相关联的制度。建立这一制度是为了开通社会上虽缺乏教学资质但有突出的知识、技能或经验者到学校任教的合法渠道。这些人士可以通过都道府县教育委员会设置的教育人事评估考试获取特别证书,然后可以合法应聘综合学习课的兼职教师岗位。至2005年4月,全日本总共颁发了163张特别证书。

3. 综合学习课项目

所谓综合学习课,是基本借助校外人力资源开设的且充分体现地方特色或面向未来理念的课程。目前,日本90%以上公立小学的综合学习课都与校外人士合作开设。例如,文部科学省文化厅为了支持综合学习课的开设,实施了一项艺术家派遣计划,就是派遣著名艺术家以及拥有传统技艺者到他们出生或成长的地方,为当地学校开设讲座,现场展示才艺,并为当地的地方艺术和文化特色活动提供指导和咨询。

4. 经验传承活动

文部科学省通过实施"丰富经历活动示范计划",推动学校开展各种生活经验传承活动。该计划联合了家长协会、社区组织以及其他社会组织的力量,充分调动各种社会教育资源开展生活经验传承活动,包括派学生到农村去学习播种与收割,或者邀请农民到学校指导学生建设农作物园地来传承生活经验。

---

① MEXT. FY2005 white paper on education, culture, sports, science and technology[EB/OL]. http://www.mext.go.jp/2006 - 01 - 30; MEXT. FY2007 white paper on education, culture, sports, science and technology[EB/OL]. http://www.mext.go.jp/2008 - 01 - 30.

5. 职场教育活动

所谓职场教育活动,是指安排初中生到各种工作场所体验生活的活动。自2005年起,文部科学省开始推广职场初试周活动,也就是为初中生提供5天或5天以上的工作场所经验。职场初试周活动一般在家长协会、社区组织和当地工商企业协会多方支持下开展,包括为学生安排体验活动点,也包括为学生提供工作现场讲座等。

6. 信息科技教育活动

为培养学生信息科技方面的兴趣,并为未来社会培养信息科技尖端人才,文部科学省专门推出了一项"信息科技人力资源开发计划"(IT Human Resources Development Project),在各地指定一批试点高中,与当地大学或企业合作开展信息科技教育活动。具体形式有四种:学生到运用信息科技的公司实习;学生参加外部课程,也即派高中生到大学参加信息科技方面的特定课程或研究讲座;学生参加内部课程,也即请大学的信息科技专家到中学开设信息科技讲座;学生志愿者活动,也即学生为本地居民包括老年居民开设讲座,普及信息科技知识。

7. 学生问题行为综合应对体系

由于校园欺凌、逃学以及其他种种问题行为在学生中频发已成为日本教育的难题,学生问题行为的应对为社会所高度关注。政府意识到,学生的问题行为不是由单一原因引起的,而是社会规范意识下降、家庭教育薄弱、公共精神缺失等多种因素造成的结果,因此需要广泛联合社会各方力量加以综合应对。近年来,文部科学省推出了社会联合应对问题行为学生计划,并已初步形成综合应对学生问题行为的社会体系(如图6-8、图6-9所示)。

日本近10年来的政—校关系变革是在围绕修订《教育基本法》的教育改革大背景下发生的,而日本的这个大背景多少有点与众不同。或许是因为PISA考试结果不错,或许还有更多的原因,日本教育改革的动因和追求与一些欧美国家的确有所不同,改进课堂教学质量,特别是提高学生的学习成绩似乎并非日本教育改革的第一要务,而儿童的道德品质、自我约束、公共意识、为国际社会的和平与发展作出贡献的精神才是日本教育改革真正的关注焦点。[1] 2010年1月29日,日本第九十三任首相鸠山由纪夫曾在国会做过一次令人印象深刻的演讲,他当时慷慨激昂道:

---

[1] MEXT. FY2006 white paper on education, culture, sports, science and technology[EB/OL]. http://www.mext.go.jp/2007-03-30.

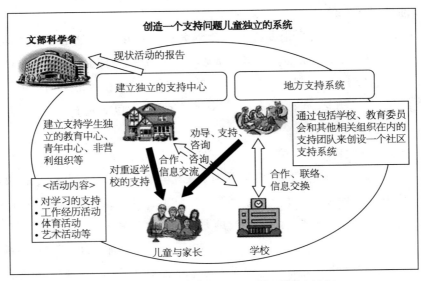

图6-8   日本社会联合应对问题行为学生计划

资料来源：MEXT. FY2005 white paper on education, culture, sports, science and technology [EB/OL]. http://www.mext.go.jp/2006-01-30, Figure 2-19.

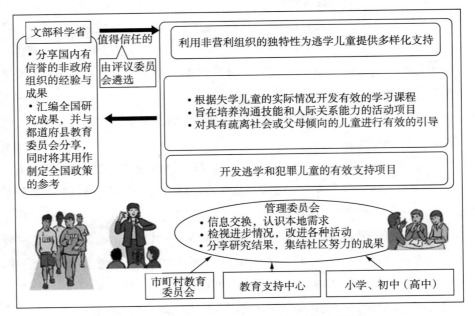

图6-9   日本社会联合应对学生逃学问题计划

资料来源：MEXT. FY2005 white paper on education, culture, sports, science and technology [EB/OL]. http://www.mext.go.jp/2006-01-30, Figure 2-20.

20世纪持续的充裕经济使得人们富裕,难道这就是真正意义上的快乐? 在维护资本主义社会的同时,我们应当如何来控制过度的"没有道德的商业"和"没有劳动的富裕"? 为了使人们生活在适合人类的快乐生活中,我们究竟要追求什么样的经济、政治、社会和教育? 这些哲学问题是从世界的现状中提出来的。

一个为人类的文化和经济而奋斗的民族,无需那种以数字等第来简单评价学生的"没有品格的教育",也无需那种最终威胁人类生存的"没有人性的科学"。我们应当把教育定位于培育每个人的"品格",以便为日本国、(亚太)地区、全球人类社会的更大目的作出贡献。①

鸠山的上述讲辞似乎进一步印证了日本政要的第一关注点是儿童的道德,而不是儿童的成绩。如果我们相信这一点,我们就会注意到日本政—校关系变革的一个重要特点: 政—校关系的调整并不仅仅服务于课堂教学质量的改进,更多的是服务于学生的人格发展和社会文化的传承。

三、政府—学校关系现状描述

2008年OECD的统计资料显示了日本在经历政—校关系变革之后,公立学校管理事务决策权的配比状况。需要说明的是,该统计资料所描述的仅仅是日本公立初中的状况,都道府县对日本高中的管理事务就有更多的支配权了。

(一)分类决策权的量化描述(2008年)

根据OECD 2008年公布的各成员国初中阶段公立学校事务自主决策状况的调研统计资料,表6-3显示了日本公立学校的教学组织管理、人事管理、规划与结构管理、资源管理四个方面的分类决策权在中央、地方和学校三个层面的配比状况。

表6-3　日本公立学校管理事务分类决策权配比状况

管 理 项 目	中央(%)	都道府县(%)	市町村(%)	学校(%)	合计(%)
教学组织决策权	0	0	44	56	100
人事管理决策权	0	54	46	0	100

① Policy Speech by Prime Minister Yukio Hatoyama at the 174th Session of the Diet[EB/OL]. http://www.kantei.go.jp/2010-01-29.

续 表

管 理 项 目	中央(%)	都道府县(%)	市町村(%)	学校(%)	合计(%)
规划与结构决策权	50	0	20	30	100
资源决策权	0	29	71	0	100

资料来源：OECD. Education at a glance 2008[R]. Paris：OECD Publications,2008：489－490.

（二）综合决策权的量化描述（2008 年）

根据 OECD 2008 年公布的各成员国初中阶段公立学校事务自主决策状况的调研统计资料,表 6－4 显示了日本公立学校事务综合决策权在中央、地方和学校三个层面的一般配比状况。

表 6－4 日本公立学校事务综合决策权配比状况

管 理 项 目	中央(%)	都道府县(%)	市町村(%)	学校(%)	合计(%)
综合决策权	13	21	45	21	100

资料来源：OECD. Education at a glance 2008[R]. Paris：OECD Publications,2008：488.

第七章

西方六国政府——学校关系变革的效果与经验

第一节 变革的效果

发生在美国、英国、德国、法国、澳大利亚、日本等西方六国的政—校关系变革,大多为辅助性或牵动性变革,也即政—校关系变革的动因并非在政—校关系本身,有的是政府整个教育改革计划中的一个辅助部分,更多的是为政府改进教育质量的政策举措所牵动的变革。从西方六国的情况来看,很难判断政—校关系变革究竟能给教育质量改进作出多大程度的贡献,目前也没有具有说服力的研究结论。尽管如此,六国政—校关系变革的效果还是在政—校关系架构调整、新主体介入、互动方式变化以及促进理论研究等几个方面体现出来。

一、架构调整

(一)开辟了国家政策与学校实践之间的直通渠道

就国家政策与学校实践之间的直接沟通而言,美、英的变革效果较为明显。美国自 1965 年《初等和中等教育法》颁布以来,随着联邦的每一次修法,或扩大 TitleⅠ经费资助的范围,或增加 TitleⅠ经费的总量,或两者兼具,几乎成了新法的必备特征。而在这一过程中,联邦是以迂回的方式,绕开了宪法第十项修正案对联邦政府教育行政职能的限制,实际上左右着接受 TitleⅠ经费的州和学区的教育政策方向。而 TitleⅠ学校虽然表面上仍然接受学区教育局的管理,但实际上,学区对 TitleⅠ学校的管理不过是执行联邦的相关规定而已。更何况,各州的课程内容标准、学生成就标准以及相应的评估要求很大程度上也是联邦意志的反映。联邦对基层学校具有这种间接却又实质性的影响,特别是在 TitleⅠ学校已占据全美公立学校总数 65％强的情况下,联邦政策与学校实践之间一条直接沟通的渠道已经实实在在地存在了。在英国,自《1988 年教育改革法》颁布以后,无论是保守党政府推出的直接拨款学校、城市学院计划,还是新工党政府特别倡导的特色学校或教育行动区计划,都在持续地分解地方教育当局对基层学校的管理权,从而形成了国家政策与学校实践直接沟通的渠道。相对而言,其他四国在国家政策与学校实践直接沟通方面虽不如美、英那样明显,但在某些方面也表现出类似的倾向。例如,法国的教育优先区计划就为中央政府跨越传统的教育行政层级,直接干预基层学区甚至直接对话学校提供了方便,而日本学生学术能力国家评估制度的建立,也使学校的校长和教师感受到直接来自中央政府的行政意志力。

(二)增强了中央—地方合作组织教育的统筹功能

在美国、澳大利亚、德国等传统的分权制国家,联邦政府均不具备统筹全国教育的法定职能。为了解决必要的全国教育协调和统筹问题,分权制国家往往建有中央—地方合作组织,如澳大利亚的教育、就业、培训与青年事务部长理事会,德国的教育与文化部长常设联席会。与政府机构不同,中央—地方合作组织以信息共享、问题探讨及互动磋商为基本活动方式,不仅协调各方利益,而且将各方的共识转化为各地的教育政策,以便达到协调和统筹全国教育事务的目的。相对而言,澳大利亚的教育、就业、培训与青年事务部长理事会历来具有较强的协调和统筹全局的功能,由该组织发表的《阿德莱德宣言》(The Adelaide Declaration on National Goals for Schooling in the Twenty-first Century, 1999)、《墨尔本宣言》(Melbourne Declaration on Educational Goals for Young Australians, 2008)等纲领性文件均成为引导澳大利亚全国教育改革阶段性走向的战略指针。德国的教育与文化部长常设联席会虽然也具有较强的协调功能,并且在形成全国学校系统的基本结构以及建立各州间学历互认制度上发挥过重要作用,但因决策机制较为刻板,常常使某个原本有益于全局的议决无法通过。2000年后,随着教育质量问题成为社会关注的焦点,全国统一标准和州际比较成为朝野的共同话题,改革教育与文化部长常设联席会的决策机制问题自然被提上议事日程。经过改革,德国教育与文化部长常设联席会的决策机制更为灵活,有的议决只要取得一定多数的意见便可形成,从而使联邦意志的传递更为顺畅,也增强了该组织的教育统筹功能。与澳大利亚和德国的情况不同,美国一直没有建立中央—地方合作组织。20世纪90年代以来,美国联邦教育部对全国教育的影响力虽日渐强大,但在统筹全国教育事务方面,仍无法突破宪法第十项修正案的限定。即便《不让一个儿童掉队法》对各州统考评估有十分严格的规定,但无论是学业标准还是评估测试,都还是各州自行其是。奥巴马执政后,竭力推动建立全国性的教育标准,并最终于2009年形成了48个州共同签署的全国教育标准草案。这份草案使人们相信,通过联邦—州磋商机制来协调统筹全美重大教育事务是可能的。尽管中央—地方合作组织的统筹功能仅同中央与地方政府关系直接有关,但它的变化也必然对政府与学校的关系产生间接的影响。

（三）推进了政府部分管理权责的下放

20 世纪后半叶,许多国家纷纷进行教育管理体制改革,分权化成为全球性的改革趋向,截至 1998 年,全世界已有 85 个国家正在实施或正在走向教育管理分权化的体制。[1] 这一全球化的趋向在美、英、德、法、澳、日六国的政—校关系变革中均有不同程度的体现,六国的学校均获得较之前更多的自主权。在英国,自《1988 年教育改革法》实施以后,除课程教学方面的决定权被收归中央政府以外,学校获得了更多经费和人事管理方面的自主权。城市学院、学园、信托学校等新型学校则获得了更大的自主管理权。在美国,随着 Title I 政策的推行和特许学校的推广,许多原先由学区掌握的管理权逐渐下放给学校。在澳大利亚的维多利亚州,政府已将 90% 的学校预算经费交由学校自主支配,工会对学校的传统控制也被去除,学校获得了很大的自主管理空间。在日本,赋予学校更多自主权是中教审 2005 年咨询报告所提议的教改国策的内容。在德国,更是因为一系列管理权下放到学校而引发校长角色适应问题,需要政府通过强化专业培训或加配行政助手来加以解决。当然,政府在下放权力的同时,也要求学校承担相应的责任。比如,对美国的 Title I 学校来说,由于学业标准和考试评估的愈益严厉以及对失败学校严厉处置的规定,学校的校长和教师也承担着前所未有的绩效责任。而对于特许学校来说,绩效责任合同的签订和家长以足投票的机制,则需要学校经营者担负起更为艰难的责任。同时,在美、英两国的政—校关系变革中,也创造了一种新机制,即政府放权的程度根据学校的办学绩效而定,高绩效的学校将获得更大的办学自由度。

二、新主体介入

（一）家长

在西方国家的有关法律中,一般都把家长定位于儿童的监护人和教养者。在学校的管理实践中,家长不同程度地参与学校管理的情况也一直存在。不过,在传统的政—校关系架构中,家长往往并不被看做是与政府、学校具有同等地位的主体。然而,这种状况随着近几十年的政—校关系变革而改变。这种变化在英国最为显著。如前所述,在撒切尔夫人理想的教育管理体制架构中,中央政府是制定规则框架的主

---

[1]　The World Bank. Expanding opportunities and building competencies for young people: A new agenda for secondary education[M]. Washington, D. C. : The World Bank Publication,2005:169.

体,相互竞争的学校是提供教育服务的主体,拥有选择机会的家长是接受教育服务的主体,而半官方、半独立的教育督导评估机构则是教育市场运行的监督人。在这样的架构中,如果作为用户的家长没有相应的主体地位,这套管理体制就不可能顺利运行。为此,撒切尔政府及后来的梅杰政府都通过一系列的政策来建立和强化家长的主体地位。如《1980 年教育法》就规定,家长有权选择学校,如果家长择校未能如愿,还有上诉的权利。接着,《1981 年教育法》规定,家长如果认为其子女学习有困难,则有权提出特殊的教育需求。此时的家长权利主要在于回应家长个体对子女受教育状况的诉求。《1986 年教育法》规定,地方教育当局要向学校董事会通报学校财务管理方面的信息。由于此时学校董事会中的家长代表已占有很大比例,所以也就是间接地扩大了家长对学校运行状况的知情权。之后,《1988 年教育改革法》关于直接拨款学校的申请规则以及直接拨款学校董事会成员构成的规定,实际上是从不同角度确立了家长在学校重大事项决策中的法定地位。1991 年英国教育部发布的《家长宪章》进一步明确了家长所应该享有的教育知情权以及获取信息的方式等具体细节。1997 年新工党执政后,继续强化家长在学校管理中的主体地位,在《1998 年学校标准与架构法》和《2002 年教育法》中,都对如何保障家长的择校权利做了详细规定,包括公立学校每年必须保证家长有机会讨论学校管理问题等。2005 年,英国教育部在其教育白皮书《面向全体学生的更高的标准和更好的学校:给予家长和学生更多的选择》中,进一步表达了"家长塑造学校系统"和"家长驱动学校改进"的政策理念,包括:家长有权决定是否建立新的学校、变更公立学校为私营机构的信托学校、关闭失败学校;确保董事会中至少有三分之一的成员为家长代表;学校如果没有能够让家长履行法定的权责,家长可以向教育标准局投诉,等等。当然,在赋予家长充分权利的同时,英国政府也要求家长承担相应的责任。例如,在 1999 年开始实行的家—校合同中,明确了家长应当承担的责任内容,不能履行职责的家长将按规定受到处罚。可以说,经过三十多年的变革,家长已经成为英国政—校关系架构中一个地位稳定的新主体。

在美国,早在 1994 年的《改进美国学校法》中,就对家长享有的话语权和知情权、家长参与学校教育的形式和内容、家—校契约中家校双方的责任有明确规定,并且对学区和学校保障家长参与的质量有具体要求。至于家长在政府与特许学校或特许学区政—校关系架构中的主体地位,更是不言而喻。不过在美国,家长作为一个新主体进入政—校关系架构并未成为一种全国性的现象,因为它还只存在于接受 Title I 经费的学区或有特许学校运作的学区。在澳大利亚一些政—校关系变革活跃的州,学校在获取自主管理权的同时,几乎都有保障家长参与管理的规定。例如,要求学校同时向地区教育局和家长提交年度报告,并接受家长代表的质询。又如,学校理事会必须有家长代表加入,家长代表的选举标准由家长自己制定等。尤其是维多利亚州的学校自我评估规定,使家长深度参与自我评估的过程,并成为起草自我评估报告的参与者之一,跟学校一起共同接受政府的外部评议,以此增强家长的主体意识,成为政—校关系架构中的一个名副其实的主体。在日本,"二战"后的现代化、城市化进程造成家庭和社区教育功能退化,社会规范、公共意识下降,恢复传统家庭意识和家长角色成为日本政府的迫切愿望。日本政府认为,在提高学校自主管理程度的同时,必须通过学校信息公开和学校评估活动来找回家长对学校的信任。在日本政—校关系变革中,家长作为一个新主体介入学校管理事务的典型形式,就是在学校中建立由家长和社区代表组成的学校运营协议会。2004 年修订的《地方教育行政组织与职能法》,将学校运营协议会制度作为一种法定的学校管理制度确定下来,并对其权责作了规定。在德国和法国的政—校关系变革中,虽然尊重家长选择权或家长参与学校管理的问题较之前更受重视,但客观地看,就家长作为一个新主体介入政—校关系而言,尚未真正形成气候。

(二)特许经营者

自 1992 年美国第一所特许学校开办后,就带出了一种非传统公立学校系统内的法人或自然人经政府特许而经营特许学校的现象。随着特许学校数量增加并渐成气候,特许经营者的队伍也逐渐壮大。此外,按照《不让一个儿童掉队法》的规定,在2001—2002 学年进入需要改进状态的 Title I 学校,如果连续五年失败,学校的管理模式必须改变,包括转换成特许学校或交由私营管理公司经营。这样,私营管理公司成为第二类特许经营者。由于特许经营者运作特许学校或接管公立学校时,政府一般都承诺对其实行新的治理方式,在签订绩效合同的情况下,允许其享有程度较高的自主管理权,因此,特许经营者作为一种新主体进入传统的公立教育系统后,便带来一种新型的政—校关系和政—校互动方式。英国的政—校关系改革中也出现了特许经营者这种新主体。例如,撒切尔夫人执政后期推出的城市学院,就是一种摆脱地方教育当局管理而直接接受教育部监管,但由私营企业经营的理科特色学校,主办学校或其他支持学校的私营企业代表在董事会中占据人数上的优势。城市学院的日常运转经费仍然使用教育部的公共资金,基建和设备添置等发展性经费由教育部承担4/5,主办学校的私营企业承担 1/5。与此相仿的还有布莱尔政府推出的学园和信托学校。学园虽然使用政府资金建校,但由具有独立经营权的基金会、私营机构或其他团体来运作,并且运作者在学校管理上享有较高程度的自主管理权。信托学校由一般公立学校转制而成,由企业、慈善基金会、宗教团体、大学、社区组织或其他私人主办者来经营,其办学自主权更大,可以自主决定课程,自主任命学校董事会,拥有自己的校产,自主聘用员工等。英国的城市学院、学园和信托学校的经营者类似于美国的特许经营者,它们进入公立学校系统后,同样会带来新型的政—校关系和新型的政—校互动方式。此外,英国教育部1997年教育白皮书提出的教育行动区计划,旨在建立一种私营企业、家长、学校、学校所在社区以及地方教育当局共同参与的新型伙伴联盟来提高行动区内学校的教育质量。教育行动区的建设资金约2/3来自教育部,1/3向私营企业筹集,行动区的经营与协调由各方代表组成的联合组织负责。此时,行动区联盟中的私营企业虽不是单独的特许经营者,却是重要的办学合作伙伴,并据其出资数而拥有不同程度的办学话语权。在行动区这种特定的运作体制下,行动区内的学校与政府的关系以及学校与政府的互动方式自然不同以往。

三、互动方式变化

(一) 基于规章与基于绩效

在传统的政—校关系架构下,政府管理学校的主要方式是制定规章制度和检查规章制度的执行情况。一些西方国家在历史上深受科学管理思想的影响,地方教育行政机关与学校的日常互动中,科层化倾向严重,学校常为行政上的繁文缛节所累。然而,随着各种非传统的特许经营者进入公立学校系统,政府治理公立学校的方式就不同以往了。以美国的特许学校为例,既然学区与学校之间是绩效责任合同中甲方与乙方的关系,那么学区的关注焦点就在于学校是否履行了合同规定的义务以及是否达成合同规定的办学绩效。城市学院、学园和信托学校在英国出现后,其政—校互动方式也发生了大致相同的变化,也即从基于政府的行政规章制度到基于学校的办学绩效。其他西方国家虽然目前还少有特许经营者进入公立学校系统,但其政—校互动方式也有向基于绩效的方向转变的趋势。例如,澳大利亚一些州在推动学校自主管理的过程中,政府规定学校必须建立自己的章程,在一个清晰的绩效框架下运行,政府通过学校的发展规划、自我评估以及政府组织的外部评议来考查学校的办学绩效。政府任命每个校长都要与其签订个别化的有固定期限的合同,以作为校长工作绩效评议的基础。显然,在政府与学校的互动中,基于绩效胜过基于规章。

(二) 结果问责与过程制导

一般而言,政—校关系变革中政府的权力下放与绩效问责是同时并举的,不过,一些西方国家的绩效问责已不再是采用单一的结果问责方式,而是结果问责与过程中的专业制导结合起来。当然,不同国家专业制导的具体做法有所不同。澳大利亚政—校互动中的专业制导是通过建立专业机构和制定专业标准的方法,将学校的办学行为限制在一定的专业框架内,同时对学校的办学行为作专业方向的导引。例如,维多利亚州政府通过建立课程与考试委员会、教学委员会、注册与资格委员会等专业机构,将学校的办学行为和专业活动的标准、规范、资格带入一个专业化的轨道,从一开始就避免学校的办学路线偏离政府的绩效目标。美国政府的专业制导是通过对学校办学过程给予专业支持来实现的。例如,根据《不让一个儿童掉队法》Title I 的有关规定,州和学区在监管学校的同时,必须为学校提供高质量的服务。该法将考试评估也作为一种专业制导手段,要求教育行政机关实施"基于科学的"考试评估。通过这样的评估,不仅要达到问责学校的目的,而且要给学校和教师提供诊断性的信息,以利于教师鉴别教学中的问题,并更好地实施基于科学的教学。该法同时规定,接受Title I 经费资助的州要整合优质人力资源,为州内待改进的 Title I 学校组建支持团队。支持团队成员必须拥有基于科学的教学知识,他们对于待改进学校的指导必须基于科学的研究结论,而且州要对支持团队成员的工作效能进行评估。结果问责与过程制导结合,不仅促进了校长和教师工作专业性的提升,而且对政府自身行为也提出了很高的专业化要求。

(三)单向指令与相互依托

在科层化的政—校关系中,最为突出的是学校对政府的行政隶属性质。在美、英、澳、日等国的政—校关系变革中,由于家长被赋予参与学校管理的法定地位,原有的政—校二元关系中就出现了一个新的变量。这个新变量或可作为政府监管学校的附加力量,或可成为学校借以抵御政府不当指令的辅助力量,甚至可以成为缓解政—校矛盾的调和力量,政—校间的互动方式因此而变得复杂。在特许经营者介入公立学校系统后,政—校关系架构中又多了一个新主体,并且,政府为吸引这些新主体参与改进公立教育质量而对其采用了新的治理模式,给予它们更大的自主管理空间,于是,政—校互动方式相比以前丰富,指令—执行不再是政—校互动的唯一方式。当奥巴马希望优质特许学校成为学校改进及扩大择校的人力资源基地时,在奥巴马的修法计划要求州和学区更多地搜集课堂教学数据与信息的情况下,教育行政官员和学校领导者的管理能力都将遭遇严峻的挑战,教育行政机关与学校相互依托的一面将首先在美国的政—校互动方式中凸显。

四、理论研究促进

（一）教学领导研究

教学领导(instructional leadership)研究最初兴起于美国。20 世纪 70 年代末,随着荣·埃德蒙兹(Ron Edmonds)等人关于有效学校研究成果的发表,人们发现,强有力的教学领导是成就有效学校的一个重要因素。① 随之,学校领导的教学维度受到越来越多的关注,教学领导也成为教育领导研究的一个焦点。在整个 20 世纪 80 年代,有关教学领导研究的文献迅速增长,有关教学领导的论文和研究报告在美国的学术刊物中占据了非常显眼的地位。这一时期的教学领导研究引导人们形成三方面的认识:尽管家庭背景对学生的学习成就有重要影响,但是学校的作为也会给学生的学习结果带来显著的差异;校长在学校教育质量改进方面扮演着非常关键的角色;教学领导是校长领导工作最为重要的方面。这样的认识使美国朝野产生一种误解,就是把教学领导的成败几乎完全与校长的职位权威和个人作为联系起来。美国政府和一些专业协会因此便热衷于为校长编制教学领导的标准,各州都建立了校长培训机构,期望通过标准和培训来造就大批"英雄领导者"。然而,真正有效的教学领导并非仅限于校长笼统地提出学校改进的愿景或对师生提出高期望,而必然需要校长深入到课程与教学的技术层面,然而,美国校长恰恰普遍缺乏课程与教学专业知识,而这一知识缺口又不是短期的校长培训所能弥补的。加之校长都有一堆琐碎的行政事务,如何专注于教学领导这一种角色也是困惑校长的问题。② 于是,风行一时的教学领导研究便在与实践的连接上陷入窘境。进入 90 年代后,西方教育领导研究界的兴趣转向学习型组织的领导、转化式领导等其他领导研究主题,教学领导研究似乎就此沉寂了。然而,随着近年西方诸国政一校关系的变革、政府权力的下放以及绩效问责的加强,理论研究和实践探索的焦点又重归课堂教学,教学领导问题再次成为学校领导研究界关注的重点。例如,美国兰德公司受联邦教育部委托,对《不让一个儿童掉队法》在州和学区的实施效果进行了大型研究,该公司最终提供的系列报告提供了大量有关学校教学和学生学习状况的数据,为教学领导研究提供了很好的信息基础。③

---

① Rothman,R. Leadership in smart systems[M]. Providence:Annenberg Institute for School Reform,2009:2.
② Hallinger,P. Leadership for 21st century schools[M]. Hong Kong:The Hong Kong Institute of Education,2010.
③ Zimmer,R. et al. State and local implementation of the No Child Left Behind Act[R]. Washington, D. C. :Education Publications Center,2007.

又如,美国威斯康星大学教育领导与政策系的研究者深入中小学现场,为学校领导者研发了可以付诸操作的教学领导系统。① 这表明,政府对课堂教学绩效的高度重视以及大量资助经费的投入,使教学领导研究的技术条件较 80 年代更加成熟。而且,与 80 年代教学领导研究不同的是,这一次已不单是美国教育研究界予以关注,教学领导研究已成为西方诸国政府和研究界共同关注的焦点。那么,当教学领导研究再度兴起时,当年令教学领导研究陷入困境的校长知识缺陷和时间缺口问题又是如何解决的呢? 这要归功于分布式领导的研究。

(二)分布式领导研究

分布式领导最初是澳大利亚社会心理学家塞西尔・吉伯(Cecil Gibb)提出的概念,他认为:"领导或许最好被设想为一种群体的素质,一系列必须是一个群体才能实施的功能。"②他遂以"分布式领导"(distributed leadership)这一概念来概括他的上述观点。20 世纪 90 年代后,当分布式领导的概念进入西方教育领导研究者视野时,正逢西方诸国政一校关系变革的活跃时期。在美国,特许学校正因《特许学校扩展法》而受到鼓励,《改进美国学校法》、《不让一个儿童掉队法》先后明确了家长参与学校管理的地位,私营机构和高等院校的人力资源也以学校改进支持者的身份参与指导课堂教学改进的实践。在英国,随着《家长宪章》的发布和城市技术学院、特色学校、教育行动区、信托学校计划的推行,家长、特许经营者等非传统主体已在新的政一校关系架构中获得了法定地位,私营企业和其他社会机构作为校外合作伙伴纷纷介入学校管理活动。在德国、日本等传统上很少给学校自主管理权限的国家,政府正赋予学校前所未有的自主权,并且为校长行政能力不足而配备行政副手和行政助手。这些政一校关系变革的事实使研究界认识到,教学领导并非就是校长一个人的作为,或者更确切地说,校长一人独揽教学领导权责的时代已经过去了。如果把教学领导作为一个团队的任务来看待,那么,以往校长个人的课程教学专门知识不足或领导精力不够分配的问题都可以迎刃而解了。从这个意义上看,研究分布式领导的现实意义是不言而喻的。事实上,分布式领导的理论研究几乎是和实践探索同步并进的。在研

---

① Halverson, R. et al. The new instructional leadership: Creating data-driven instructional systems in schools[A]. Washington, D. C.: Paper for the Annual Meeting of the National Council of Professors of Educational Administration, 2005.

② Gibb, C. Leadership [C]. MA: Addison-Wesley, 1954. 转引自: Leithwood, K. et al. Second international handbook of educational leadership and administration[M]. Dordrecht: Kluwer Academic Publishers, 2002: 655.

究者们关注"领导"在校长、教师、家长、校外合作伙伴中究竟应怎样合理"分布"的时候,政府已经把分布式领导纳入了相关的政策要求。例如,澳大利亚维多利亚州政府就竭力提倡公立学校实施分布式领导,要求校长们与其他各种领导角色共同促进领导工作的有效性。① 与此同时,许多学校已经在学校校长、助理校长、学科主任之外新设了"带头教师"(teacher leader)、"带教教师"(mentor)、"能手教师"(master teacher)、"项目负责人"(program leader)、"员工开发者"(staff developer)等一系列分担领导权责的新角色。这些校内新角色的权责应该如何配置? 校长如何与家长和校外合作伙伴分享"领导"? 校长如何扮演"领导者的领导者"? 以何种方式和途径来解决有关人员的技能培训与能力提高问题? 这些都成为分布式领导研究的课题。显然,西方诸国的政—校关系变革是促使教学领导研究再受重视以及分布式领导研究方兴未艾的重要推手。

第二节　变革的经验

　　西方六国的政—校关系变革不仅取得了上述四个方面的效果,而且提供了一系列可资借鉴的经验。其中包括经费为后盾的干预、绩效换自主的机制、非线性转移的权责、有技术含量的政府行为等正面经验,也包括未达初衷的市场机制、不甚可靠的私企资助、偏离预想的政策倾斜、供不应求的优质资源等反面经验。

一、正面经验

(一) 经费为后盾的干预

　　在西方诸国的政—校关系变革中,中央(联邦)政府通过直接或间接的方式,跨越原有的层级结构或突破传统的分权规则来干预基层的办学行为,是一种较为突出的现象。而这种突破传统的干预,一般均以大额经费资助为后盾。以美国的《改进美国

---

① Matthews,P. et al. School leadership development strategies: Building leadership capacity in Victoria, Australia[R]. Paris: OECD Publications,2007: 9.

学校法》和《不让一个儿童掉队法》为例,就是联邦政府借助不断加大 Title I 经费资助的力度,对州、学区两级教育行政事务以及学校的办学行为形成实质性的干预。奥巴马政府也是通过 43 亿"争先项目"拨款,促使各州按照联邦的要求建立数据系统以及基于绩效的报酬制度,也使田纳西等 7 个州不得不废除对特许学校的限制。可以说,如果没有巨额资助的诱惑,美国不少州是根本不会理会联邦的政策要求的。在其他西方国家,中央政府也采用以经费为后盾的干预策略。例如,日本中央政府通过建立专门的基金,资助经验传承活动和艺术家派遣计划,引导都道府县建立特色兼职教师制度和特别证书制度,形成公立小学 90% 以上的综合学习课都与校外人士合作开设的局面,从而推动学校与社会的广泛合作。又如,德国联邦政府为了改变各州长期实行半天制学校教育的传统,不仅通过有关渠道进行舆论宣传,而且拨巨款在各州直接援建全天制学校。美国、日本、德国都是实行教育管理分权制的国家,干预地方教育均受不同程度的法律限制。但是由于中央政府干预的背后有强大的经费做后盾,因而使地方政府和学校心甘情愿地接受这种干预。当然,既然是以经费为后盾的干预,干预者手中经费是否充沛就成为关键,否则,干预是难以实现的。在这点上,英国中央政府的直接拨款学校政策可谓典型一例。按照英国《1988 年教育改革法》的有关规定,任何公立中小学都可以申请成为直接拨款学校。如果一所学校转为直接拨款学校,那么该校就成为教育部直接管理的学校,并直接从教育部获得办学经费。从英国中央政府的角度来看,推出直接拨款学校政策,就是想要越过地方教育当局这一传统的中间层级而直接对中小学的办学行为进行干预。从学校的角度来说,是接受地方教育当局还是接受中央教育部的管理并没有太大的区别,它们甚至更愿意接受已经习惯了的地方教育当局的管理方式。但成为直接拨款学校后,学校不仅可以获得较大的经费自主管理权,而且除了常规经费之外,学校还可以得到一些来自教育部的附加经费,这是吸引学校转为直接拨款学校的一个重要因素。遗憾的是,英国当时的经济状况并不理想,撒切尔政府的教育总投入甚至还在缩减之中,公立学校经费总额的 85% 都被教师人头费占据,学校实际能够自主运筹经费的空间很小,而且所谓来自教育部的附加经费几无着落,这就从根本上抑制了公立学校转为直接拨款学校的积极性。于是,直接拨款学校在短短几年中即淡出英国教育界的视野。

(二) 绩效换自主的机制

所谓绩效换自主,就是政府并不给予所有学校完全相同的自主权,而是将部分自主权或自主程度的高低与学校的办学绩效挂钩,办学绩效高的学校,可以获得较高程度的自主权,办学绩效低的学校,只能得到较低程度的自主权。考察美国最近十余年的教育改革和政—校关系变革可以发现,这种绩效换自主的机制已经逐步形成。例如,美国1994年的《改进美国学校法》就规定,而如果一所Title I学校没有取得充分的年度进步,学区就要对其实施纠错行动。在纠错行动实施期间,学校的Title I经费将被冻结,学校的自主管理程度也将被降低。而如果一所Title I学校的进步超出预期,就可以获得奖励,甚至被命名为成效显著学校,成效显著学校的自主管理程度将被提高。就在《改进美国学校法》颁布前后,美国的一些州纷纷出现特许学校。特许学校的出现,使政府管理学校的方式由基于规章转变为基于绩效。只要学校实现预定的办学绩效,就可以保持高度的管理自主权。这就进一步强化了绩效换自主的观念,也加速推动了绩效换自主机制的形成。奥巴马执政后,为了寻求优质人力资源而力主优质特许学校扩容,承诺给予优质特许学校高度的管理自主权和更灵活的联邦项目经费使用权。显然,这一政策主张背后的逻辑就是绩效换自主。在英国,绩效换自主的机制虽然还没有完全形成,但在政府管理学校的政策中已经包含绩效换自主的导向。例如,英国2001年的教育白皮书在提出给予学校更多办学自由的同时,特别强调政府放权的程度并不实行"一刀切",而是根据学校的办学绩效来决定。政府将给予办学成功的学校更多的自主管理权,包括允许办学成功的学校超越国家课程搞适合本校的课程创新。又如,2010年卡梅伦政府提出自由学校计划,仿效美国的特许学校吸收各种社会力量来经营学校,而政府对自由学校的管理也将采用基于绩效的方式。学校在承担较高的绩效责任的同时,能享有相当大的自主管理空间,甚至可以自主设置"宽广而平衡的课程"而不受国家课程的约束。①

（三）非线性转移的权责

政—校关系变革的核心是政—校之间部分权责的转移。在西方诸国的政—校关系变革中,政—校权责的转移常常表现出"非线性"的特点。政—校权责的非线性转移包含两种表现。第一种表现是,政—校之间权责的转移并不是"政失即校得"或"校失即政得"的直线对应关系。这种情况在英国政—校关系变革中表现颇为典型。例如,英国撒切尔政府以来的历届政府曾先后推出的直接拨款学校、城市技术学院、技术学院、特色学校、学园、信托学校、自由学校等改革计划,均涉及赋予学校更多自主权的内容。不过,政府下放给这类学校的经费权或其他决策权,并不直接交给由校长和教师构成的传统意义上的校方,而是交给经过结构调整的,家长和校外人士占大多数的学

---

① Angela, H. Free schools could be set up in shops and houses[N/OL]. http://www.news.bbc.co.uk/2010 - 07 - 18.

校董事会。又如,在地方教育当局交出传统的公立学校生源配置权后,这个权力并未下放给学校,而是转移到拥有择校权并因此在客观上控制了生源流向的广大家长手中。再如,中央政府从地方教育当局手中取走的地方教育督导权也并未由教育部直接行使,而是交由具有半官方、半独立性质的教育标准局来掌控。在澳大利亚的政—校关系变革中,也有类似于英国的情况。在维多利亚州,政府在赋予学校自主权的同时,特别强化学校理事会的管理作用。而学校理事会中必须有一定比例的家长代表,家长代表的选举标准由家长自己制定,因此,家长代表是学校理事会中一股相对独立的力量,他们在参加学校理事会会议时,有权参与讨论或质询学校的运作情况。这就是说,维多利亚州政府下放给学校的自主权并未直接给予校长个人或传统意义上的校方。政—校权责非线性转移的第二种表现是,政—校之间的权责转移并不一定表现为"责随权走"或"权随责来"。也就是说,当某种管理权限在不同主体间转移时,未必附带对等的责任。仍以英国的政—校关系变革为例,当英国学校的课程教学决定权被中央教育部收归后,学校的校长、教师并未因此摆脱相应的责任,相反,他们要在课程教学方面接受更严格的监管,承担比以往更多的责任。同样,在课程决定权收归中央教育部的情况下,地方教育当局却被要求承担实施国家统一课程的监管责任。当然,政—校权责的非线性转移并非随意的无序转移,其背后都有一定的价值取向和不同的目的。

(四) 有技术含量的政府行为

虽然政府向学校下放或多或少的自主权是世界上许多国家政—校关系变革的一般趋向,但正如世界银行对全球教育行政分权趋向的分析,放权绝不意味着政府出局,因为政府仍然是公立教育最大的经费提供者和最合法的规则制定者。分权的结果,对中央、地方政府以及学校均提出了更高的管理能力要求。[①] 由于政府在政—校关系中总是处于主导地位,所以政—校关系变革中政府行为的科学性和技术含量就显得更为重要。对于政府行为的技术含量,西方各国政府一般都相当重视,具体表现在五个方面。

第一,教育行政机关对自己的工作提出较为严格而清晰的要求,并以一定的技术手段体现这种要求。例如,美国联邦教育部每年都要发布一份长达 200 页左右的教育部财年度履职与绩效报告,其中会列出教育部的战略目标细目表,以明确的标记表示目标实现情况(见表 7 - 1)。美国前任教育部长玛格丽特·斯佩林斯(Margaret Spellings)称教育部的财年度履职与绩效报告为教育部的"年度报告卡",她在 2007

---

① The World Bank. Expanding opportunities and building competencies for young people: A new agenda for secondary education[M]. Washington, D. C.: The World Bank Publication, 2005: 169,188.

表 7 - 1　美国联邦教育部战略目标实现情况细目表

绩 效 小 结	2007 财年	2006 财年	2005 财年
战略目标 1：创建一种成就文化			
1.1　将联邦经费用于教育结果考核			
A. 有多少州已经建立与本州三～八年级学生学业标准相联系的科学化评估	到 2008 年 12 月统计	到 2007 年 12 月统计	NA
1.2　提高灵活性和地方控制			
A. 符合运用"农村教育成就计划"弹性权的学区比例	到 2008 年 12 月统计	×	×
B. 接受教育部资助者提供的美国用户总体满意指数	×	×	√
1.3　提高家长信息获取和选择机会			
A. 全国特许学校数	＋	＋	＋
……	…	…	…

说明：NA＝没有统计；√＝达到目标；＋＝超过目标；×＝未达目标或为上年度水平

资料来源：节选自 U. S. Department of Education. FY 2007 performance and accountability report [R]. http：// www. ed. gov/2007 - 11 - 15.

财年报告的前言中写道："为了创建一系列聚焦于卓越管理、诚实财务、高绩效文化的目标，教育部正在对自己提出高要求。为了支撑这些管理目标，教育部在管理工具开发上投入甚巨。设计这套工具是为了确保与部内各主管官员工作相联系的战略重点，是为了确保教育部有一个高绩效标准，也是为了兑现我们的承诺。教育事关千家万户，教育部将以最高的绩效标准来履行我们的使命。"①斯佩林斯的这番话代表了联邦教育部对政府必须保持高度技术含量的态度。

　　第二，教育行政机关在颁布一项法规政策之后，一般还会提供相关的政策实施指南，或开发有关政策操作工具包（tool kit），以指引和帮助学校保质保量地贯彻实施政策。例如，澳大利亚维多利亚州教育部在赋予学校自主管理权的同时，要求学校每四年进行一次自我评估。州教育部专门编制下发了《学校自我评估指南》（School self-

---

① 　U. S. Department of Education. FY 2007 performance and accountability report [R/OL]. http：// www. ed. gov/2007 - 11 - 15.

evaluation guidelines),除了阐述学校自我评估的背景之外,还详细说明自我评估的目的要求、参与者、时间节点、工作流程、有效学校的八方面表现,并列出评估中经常发生的疑问加以回答,最后还列出评估报告的框架结构。此外,州教育部还为学校提供学校自我评估报告的示范样本,等等。① 同样,美国在颁布《不让一个儿童掉队法》之后,联邦教育部编制了一系列分项指南。其中,关于实施报告卡制度的指南对报告卡的样式、应包含的信息以及如何使用有十分详尽的说明,并辅以实例示范。②

第三,政府的教育政策出台之前,都经过高水平的研究机构的咨询和论证,教育政策发布后的教育政策指南或操作工具包一般都由专家编制或开发。完成此类专业工作时,西方六国政府所依靠的力量有所不同。美国一般是依靠教育智库,德国依靠专门组建的教育进步研究所,或依靠像马克思—普朗克人类发展研究所那样的高端研究机构,日本依靠常设的中央教育审议会,英国和法国则常常借助高水平大学的力量。

第四,在教育行政机关的重要文件或政策指南中,对其中的一些关键概念一般都有清晰的界定,以免地方和学校因理解不一而在执行中出现偏差。例如,在美国联邦教育部下发的学校选择指南中,就附有一专门词汇表(glossary),将围绕学校选择的政策术语一一列出,并对每个术语作出清晰的界定。③ 英国的政府文件有时甚至做得比美国的政府文件还要考究,对政策术语或相关概念的界定更为详尽。以英国教育部2009年发表的一份工作报告为例,在这份不算太长的报告中,附有一份对52个概念作出一一界定的专门词汇表。而这52个概念有些为该报告所直接指涉,另有一些只是与报告内容有关联而已。④

第五,政府不仅对学校教育改进提出要求,而且为学校提供专门的技术服务。例如,美国《不让一个儿童掉队法》规定,教育行政机关在监管学校的同时,必须为学校提供高质量的服务。该法颁布后,联邦政府拨专款资助各州教育厅和地方学区组建专门的技术支持团队,帮助 Title I 学校改进课堂教学质量和学校管理水平。按照《不让一个儿童掉队法》的规定,学校支持团队成员必须拥有基于科学的教学知识,对

① Victoria DEECD. School self-evaluation guidelines 2009[M]. Melbourne: State of Victoria,2007.
② U. S. Department of Education. Report cards (Title I, Part A): Non-regulatory guidance[Z/OL]. http://www. ed. gov/2003 - 12 - 12.
③ U. S. Department of Education. Public school choice: Non-regulatory guidance[Z/OL]. http://www. ed. gov/2003 - 01 - 14.
④ DCSF. Departmental report 2009[R]. London: The Stationery Office Limited,2009.

学校教学改进的指导必须依据基于科学的研究结论,而且,政府要对学校支持团队工作的技术含量进行评估。

二、反面经验

（一）未达初衷的市场机制

早在 20 世纪 50 年代,诺贝尔经济奖得主米尔顿·弗里德曼(Milton Friedman)就提出了将市场机制引入公立教育系统的主张。弗里德曼在其著名的《政府在教育中的角色》(The role of government in education)中提出,国家不应当是实际教育服务的唯一提供者,就配置社会服务而言,竞争性的市场机制远胜于国家经营的科层制。[①] 之后,弗里德曼的这一主张受到詹克斯(C. Jencks)、利文(H. M. Levin)和希克斯顿(S. Sexton)等一批学者的呼应。真正将市场机制引入教育系统是从 20 世纪 80 年代开始的。1973 年的石油危机令西方国家从 70 年代后期开始出现经济滑坡,各国政府普遍紧缩包括教育投入在内的公共开支,国民普遍对国家公共服务状况感到不满。70 年代末至 80 年代初,新自由主义(neo-liberalism)政治家相继在英、美等国上台执政,他们批评原有的社会公共服务体制开支过大而效率低下,将市场机制引入公立教育系统的思想便在西方诸国的教育政策中程度不同地反映出来,并由此牵动了相关国家的政—校关系变革。这其中,英国的情况最具代表性。按照当时英国首相玛格丽特·撒切尔的设想,市场机制进入公立教育系统后,中央政府的主要职能就是制定教育的规则框架。在中央政府的规则框架内,只有相互竞争的服务机构(学校)、拥有选择机会的用户(家长)以及市场监督人(Ofsted)三个主角,从而使教育服务的效率得以提高,学生的学习结果得以改进。在实施教育管理分权制的美国,联邦政府虽然不能像英国中央政府那样指令各州政府在公立学校系统中全面引入市场机制,但还是通过颁布《特许学校扩展法》以及多次修改《初等和中等教育法》,间接推动了受市场机制调节的特许学校、学校选择以及学校托管的实践。德国、法国、澳大利亚和日本虽然没有全面导入市场机制的教育政策,但是都不同程度地存在带有市场取向的教育措施和局部探索。在德国,北莱茵-威斯特法伦等少数州近年正打破小学生就近入学的传统,开始试点家长自由选择小学的政策。在法国,传统上只有极少数

---

① Boyd, W. L. The power of paradigms: Reconceptualizing educational policy and management [J]. Educational Administration Quarterly, 1992, 28(4).

精英初中可以挑选生源,一般情况下,学生都是就近划区入学,家长不能选择学校。然而,为了激发学校的竞争活力,并提升公立学校的办学质量,法国近年也开始小范围尝试家长自由择校的政策。在澳大利亚,随着自我管理学校在一些州的推行,州政府在大幅放权于学校的同时,也纷纷取消了学生就近入学的限制,以带有市场竞争意味的政策,促使学校改进办学绩效。在日本,虽然政府对市场机制进入公立学校系统一直持谨慎态度,但在文部科学省 2008 年发布的《教育振兴基本计划》中,两次提到学校选择问题,提议地方政府根据当地环境,适当试点学校选择计划,并表示中央政府将根据地方需要,帮助地方引入学校选择制度。① 从政—校关系的角度看,将市场机制引入公立教育系统,肯定会引发政—校关系的变革。但一般来说,政—校关系变革不是教育改革的目的,改革的目的是促进教育平等和质量改进。如果从教育改革的目的来考量,撒切尔政府当年全面引入市场机制的教育改革基本上是不成功的,因为那场改革在教育平等和办学绩效上不仅未达初衷,而且造成了新的问题。而作为引入市场机制的标志性产物——直接拨款学校和城市学院,均因难以为继而被梅杰政府"改造"掉了。撒切尔政府最实在的遗产,不过是一个基于市场机制的教育行政管理架构而已。至于带有准市场性质并为西方国家所普遍采用的学校选择,②也远未取得公认的成功。在学校选择是否真的在学校绩效改进方面成效显著、是否带来了真正的教育平等、是否真的能促进学校深层次的改进、是否真的能使每个家庭如愿以偿、是否会导致不同种族或社会阶层之间新的隔离等一系列关键问题上,都还存在广泛的争议,③正方、反方都有数据资料佐证,实可谓"成败难断,毁誉参半"。

　　撒切尔政府将市场机制全面引入公立教育系统未获成功的原因很多,其中有两个原因应该是最为基本的。第一,玛格丽特·撒切尔是一个信奉新自由主义的政治家,她或许把建立基于市场机制的政—校关系本身视为自己的一项政治追求,因此才会毫不犹豫地动用中央政府的权力,在短期内强力解构原有的政—校关系,并推出一个基于市场机制的教育行政新架构。可以说,撒切尔夫人的政治理想的确实现了,但教育平等和绩效改进的教育改革目的并没有因此而达成。第二,撒切尔政府是在英国经济状况不佳的情况下将市场机制引入公立教育系统的,希望借此减轻政府的公

①　Government of Japan. Basic plan for the promotion of education [EB/OL]. http://www. mext. go. jp/
　　2008 - 07 - 01.

②　The World Bank. Expanding opportunities and building competencies for young people: A new agenda
　　for secondary education[M]. Washington, D. C.: The World Bank Publication, 2005: 180.

③　冯大鸣. 美、英、澳教育管理前沿图景[M]. 北京: 教育科学出版社, 2004: 165 - 170.

共经费负担。然而英国的实践证明,引入市场机制并不能减轻政府的经费负担,或者说,在政府教育经费投入不足的情况下,市场的效力无以发挥。例如,在撒切尔夫人执政后期,英国公立学校的教师人头费已占到学校经费总额的85%。在这样的背景下,学校获得的自主权越多,也就意味着麻烦越多,哪个校长会对这样的自主权感兴趣呢?直接拨款学校和城市学院之所以难以推广,皆与政府经费投入未能跟进有很大关系。英国的经验告诉人们,引入市场机制并不会减轻政府的经费负担,或者说,当政府经费不够充沛时,根本不宜进行基于市场机制的教育改革。

(二) 不甚可靠的私企资助

从某种意义上说,英国撒切尔政府基于市场机制的教育改革未获成功,与私营企业没有为教育改革提供预想中的经费资助有一定关系。例如,撒切尔政府当初提出城市学院计划的重要目的之一是,希望在公立中学与私立中学之间找到一条公办民助的中间道路。原来设想中的城市学院是依托企业甚至是著名企业举办,学校的部分发展经费应该由主办学校的私营企业补足,办学经费总体上应该高于一般公立学校。但遗憾的是,私营企业资助办学的热情并不像政府想象的那么高,至1993年,英国总共才开办了15所城市学院。撒切尔夫人的继任者约翰·梅杰看到了问题所在,遂以特色学校计划来替代城市学院。特色学校虽然也要与私企合作,却无需企业提供多少经费资助,于是特色学校计划的推行就远比城市学院顺利。另一个典型事例是布莱尔执政时期推行的教育行动区计划。布莱尔政府建立教育行动区的基本目的之一是希望建立一种工商企业、家长、学校、学校所在社区以及地方教育当局共同参与的新型伙伴联盟,其中需要企业出资对教育行动区进行资助。一开始,布莱尔的新工党政府对教育行动区计划信心十足,1998年正式启动后便快速推进,短短几年内就建成了73个教育行动区。然而没过几年,行动区的持续发展便遇到了问题。其中最突出的是,许多行动区的私企合作伙伴没有兑现经费资助的承诺,还有一些企业虽然资助了一些经费,但与当初的承诺相比大打折扣,而大部分行动区的教育质量改进目标也没有实现。世界银行的有关报告还提到了布莱尔执政时期的另一个事例:2001年,伦敦市的一个地方教育当局与著名私企阿特金斯(Atkins)宣布建立伙伴关系,双方签订了为期5年资助金额高达1亿英镑的合作协议。但协议刚生效两年,阿特金斯就觉得这样的合作无利可图,于是终止了合作。① 当然,这些事例并不能说明

---

① The World Bank. Expanding opportunities and building competencies for young people: A new agenda for secondary education[M]. Washington, D. C.: The World Bank Publication, 2005: 181.

教育与私企不能合作。例如,日本文部科学省从 2005 年起推广职场初试周活动,即为初中生提供 5 天或 5 天以上的工作场所经验,这项活动就得到了各地私营企业的大力支持,包括为学生安排体验活动点,为学生提供工作现场讲座等。[①] 近年来,西方国家私企直接介入学校特色课程建设的情况也不鲜见。微软、英特尔、洛克希德等一批著名私企纷纷通过编制和提供课程、举办小型主题讨论会培训中学教师和中学生等方式,参与企业所在地区的学校特色建设。[②]

至此,我们大致可以得到这样的经验:教育与私企的合作是可能的,也可以是有效的,关键是合作的内容和方式。如果想依靠私营企业长期、稳定地补足教育经费的缺口,那是不太可靠的。如果需要企业资助的金额很高,就更不可靠了。因为私企行为的背后必有利益得失的盘算,政府在经费资助上本不该对其抱有过高的期待。

(三)偏离预想的政策倾斜

为了促进教育的平等与卓越,在政策上给予教育弱势群体或薄弱地区特惠扶持是西方各国政府经常采用的措施。像美国 1965 年的《初等和中等教育法》以及之后的历次修法,都是向包括 Title I 学生在内的弱势群体的政策倾斜。然而,扶持性的教育政策倾斜未必都能收到预想的效果,法国的教育优先区计划便是突出的一例。由于社会历史和经济文化等诸多原因,法国的地区之间的教育质量落差比较显著。在一些教育质量长期不能达标的地区,学业失败儿童人数庞大,而且与地区内的失业率、犯罪率居高不下形成关联,成为法国社会的一个顽疾。为了打破这些地区不良的社会循环,法国政府将这些地区划为教育优先区,给予扶持性、照顾性的优惠政策,希望借此解决这些地区教育绩效低下的问题。应当说,法国政府对教育优先区的界定标准是比较科学的,综合考虑了考试成绩、留级率、肄业率以及平均家庭人口规模、失业率、人口中的移民人口比例等指标,对优惠政策的考虑也比较周全,包括为教育优先区的儿童提供免费的学前教育,使得区内儿童在进入小学前就能获得较好的学前教育基础,以便降低小学阶段的学业失败率;缩小班级规模,以使教师有更多的时间和精力对学习困难学生进行个别辅导;对区内教师实行特别津贴制度和职业生涯晋升加分制度,以此吸引优质师资流向优先区等。然而遗憾的是,这样的政策倾斜却没有收到预期的效果。之所以如此,原因有多种,如政府资源投入力度不够等,而有两

---

① MEXT. FY2005 white paper on education, culture, sports, science and technology[EB/OL]. http://www.mext.go.jp.

② Chaker, A. High school add classes scripted by corporations: Lockheed, Intel fund engineering courses creating a work force[EB/OL]. http://www.online.wsj.com/2008-03-06.

个原因值得引以为戒。第一个原因是政府给教育优先区教师的特惠待遇是成事不足，却败事有余。按照政府给教育优先区的优惠政策，凡进入优先区工作的教师都能获得特别津贴，政府设想这一政策将吸引一批高素质教师到优先区从教。然而，一个非优先区的教师进入优先区后会增加多少付出？优先区学校的纪律问题、校园暴力以及大量学业不良学生会给教师带来怎样的工作难度与压力？对此，政府并未预先作出评估，也没有意识到政府特别津贴的数额还不够高，不足以刺激非优先区的高素质教师迎难而上。政府不作评估，教师却自会权衡进入与不进入优先区的利弊。结果，高素质的教师乃至一般有经验的教师普遍不愿进入优先区工作。相反，教育优先区的教师优惠政策倒是能够吸引那些资历浅的教师，因为他们不仅能以此获得津贴，而且能提高自己专业生涯的积点，不过，他们的计划很明确，就是在优先区"熬"过一段时间，在攒够晋升积分后快速离去。这就导致了优先区的教师离职率和流动率都高于其他地区，使得区内教师队伍始终处于很不稳定的状态，这对优先区教育质量的改进产生了很大的负面作用。更具讽刺意味的是，教育优先区的教师优惠政策在未能充分吸引高素质教师进区任教的同时，却实实在在地留住了区内一批低素质的教师，他们因享受着额外的津贴而根本不愿离开教育优先区。此所谓倾斜政策的成事不足而败事有余。第二个原因是家长并不乐于享受政府的优惠政策，而更希望远离政府的优惠政策。虽然政府给予教育优先区一系列优惠政策，但"教育优先区"本身就是一个标签，它提醒家长：这里的学校是失败的，教育质量是有问题的。"教育优先区"也就等于"问题教育区"。于是，稍有办法的家长都盘算着如何让自己的孩子到优先区以外的学校就读，而原先不在优先区的家庭不到万不得已，也绝不愿意迁入优先区，这就使得优先区内来自不利家庭的儿童比例不降反升。这也可以被视为倾斜政策的成事不足而败事有余。法国政府的政策倾斜却最终偏离预想的事例告诉我们，无论是教师队伍素质的提高还是教育质量的改进，都可以有"外塑"和"内生"两种取向，试图通过外部救济的方式由外向内改善教师专业素质并提高教育质量的政策倾斜，可以是权宜之计，但绝不是长久的济世良方。

（四）供不应求的优质资源

在西方六国基于市场机制的教育改革或具有市场性质的择校政策之下，低绩效学校的命运几乎都是相同的：或由政府下令关闭，或因生源流失殆尽而自动关闭。然而，一所学校关闭之后，政府就要保证原来在该校就读的学生能够转到比该校质量更高的学校就读。于是，政府手中必须有足够调配的优质教育资源。而实际情况是，政府并不拥有储备优质教育资源的"仓库"，择校政策一旦推行，优质教育资源供不应求的矛盾很快就出现了。像德国和法国进行小范围的择校试点,优质教育资源的供求矛盾尚不突出,但对于长时期、大面积推行择校政策的美国来说,优质教育资源的供求矛盾就非常突出。按照《改进美国学校法》的规定,如果有关的评估确认 Title I 学校没有取得充分的进步,学区就要对其实施纠错行动。在纠错行动实施期间,要给予学生转学权利,学生可以转到同一学区的其他公立学校就读,由教育局补贴学生交通开支。如果评估结果表明学区有问题,就要允许学生跨学区转学。《不让一个儿童掉队法》更是对学生转学作出了明确的时间规定,即一所 Title I 学校如果连续两年未达到绩效目标,该校学生就可以选择转学到其他公立学校就读。这种刚性政策一实施,优质教育资源的需求量必然大大上升,此时,通过高绩效公立学校扩容的办法已经难以满足快速增长的优质教育资源需求。而且,学校办学绩效的维持与提高都有一定的规律,高绩效学校在短期内的过度扩容,实际上就是违背规律地快速稀释优质教育资源的存量,最终的结果是将高绩效学校本身拖垮。于是,政府从公立学校系统外部寻求优质资源增量就成为必然。刚开始,美、英政府都寄希望于一些营利性教育公司来"救市"。如 1991 年成立的爱迪生教育公司(Edison Schools Inc. ,后更名为 Edison Learning Inc.)就曾接管许多美、英的公立学校,刮起一股令人瞩目的"爱迪生旋风"。爱迪生教育公司在鼎盛时期有三类分公司,分别以学区伙伴、特许学校和学校联盟三种方式介入或接管公立学校。爱迪生学校发展初期的办学业绩确实不错,受到合作学区的肯定。随后,爱迪生学校发展到英国,其办学绩效受到英国教育标准局的赞扬。由于营利机构接管公立学校本身是一个反传统的新事物,因此胡佛研究所(Hoover Institution)、《华尔街学报》(Wall Street Journal)等右翼机构出于意识形态的原因,在舆论上力挺"爱迪生现象"。政府和舆论的双重肯定,使得爱迪生教育公司声名大作且风光无限。爱迪生教育公司提高办学绩效,主要依靠管理制度的改革,包括延长学年和学日,实行问责性的教学评估,也包括采取每天安排数学课,每天保证上 90 分钟的阅读课等措施。部分爱迪生学校还将教师分成多个群组进行教学,并实行每天 45 分钟的集体备课制度。此外,爱迪生教育公司还向约翰·霍普金斯大学、芝加哥大学等高校购买课程包,以提高课堂教学质量。[①] 客观地说,为了办好爱迪生学校,爱迪生教育公司的确付出了很大的努力,其旨在改进办学绩效的管理措施也是有效的。然而,作为一个营利性机构,爱迪生教育公司必然需要通过扩大经营规模来谋求规模经济效益,爱迪生教育公司的创始人克里斯·惠特尔(Chris Whittle)

---

① Tulenko, J. D. Frequently asked questions[EB/OL]. http:// www. pbs. org/2009 - 10 - 30.

计划在较短的时期内使爱迪生连锁学校的数量达到 1 000 所。当爱迪生学校数量快速扩展时,优质师资短缺的矛盾就凸现出来。虽然爱迪生学校的管理制度可以在新办学校中不断地复制,所购买的课程包也可以反复使用,但管理制度终极执行者和课程包的临场使用者是教师,而与科学的管理制度和先进的课程包相匹配的教师不是在短期内就能培养出来的,更无法大量复制。正是优质教师资源的巨大缺口,导致快速扩张的爱迪生学校陷入无法持续发展的窘境,最终使爱迪生学校低经费和高质量的两个承诺都难以兑现。例如,爱迪生教育公司的最大用户之一是费城学区,在该学区,爱迪生学校已发展到 20 所,爱迪生教育公司甚至曾有全盘接管该学区所有学校的计划,但由于未达成绩效目标,爱迪生学校在费城学区已不受欢迎。2008 年,费城学区改革委员会通过投票表决,一下子关闭了 4 所爱迪生学校,其余的爱迪生学校也正面临一场信任危机。① 尽管目前仍有 150 所爱迪生学校分布于美国的 23 个州,但爱迪生学校已经风光不再。应当说,奥巴马政府已经强烈地意识到寻求优质教育人力资源增量的极端重要性。在爱迪生学校无可指望的情况下,奥巴马自执政以来,一直希望特许学校能成为优质教育人力资源增量的生产基地,并呼吁大力发展优质特许学校。美、英等西方国家在教育改革中出现的优质教育资源供不应求的事实给我们提供了前车之鉴:要建立基于绩效的政—校关系并不难,难的是如何保障这种关系能够提供优质教育资源。美、英等国不乏传统名校,但依靠稀释名校资源,不仅难以填补巨大的优质资源缺口,而且存在拖垮名校本身的危险;依靠爱迪生教育公司之类的营利机构来接管公立学校,也无法解决优质资源的供给问题;奥巴马试图依托优质特许学校大力培育优质教育人力资源的设想是否可行,尚需时间检验。不过,有两点是肯定的,优质教育资源的供给不能依靠存量,而要依靠增量;政—校关系的改革可以带来新型的管理制度,但新制度更需要优质的人力资源,尤其是高质量的教师资源。

---

① Graham, K. A. "Six Philly schools returning to district in blow to private operators[EB/OL]. http://www.philly.com/2008 - 06 - 18.

图书在版编目(CIP)数据

西方六国政府学校关系变革 / 冯大鸣著. —上海：
上海教育出版社,2011.5
(国际教育管理比较丛书/冯大鸣主编)
ISBN 978-7-5444-3238-2

Ⅰ.①西… Ⅱ.①冯… Ⅲ.①国家行政机关—关系—学校教
育—研究—西方国家 Ⅳ.①D523②G51

中国版本图书馆CIP数据核字(2011)第053258号

责任编辑 袁　彬
封面设计 郑　艺

国际教育管理比较丛书
西方六国政府学校关系变革
冯大鸣　著

出版发行 上海世纪出版股份有限公司
　　　　　上 海 教 育 出 版 社
　　　　　易文网 www.ewen.cc
地　址 上海永福路 123 号
邮　编 200031
经　销 各地新华书店
印　刷 上海书刊印刷有限公司
开　本 700×1000　1/16　印张 12.5　插页 4
版　次 2011 年 5 月第 1 版
印　次 2011 年 5 月第 1 次印刷
书　号 ISBN 978-7-5444-3238-2/G·2482
定　价 28.00 元

(如发现质量问题,读者可向工厂调换)